AF461782

Maurice Chevais

Thélème

un Prologue & quatre Actes

illustration de A. Robida

PARIS
Albert MESSEIN, Editeur
Succʳ de Léon Vanier
19, Quai Saint-Michel, 19

1920

THÉLÈME

IL A ÉTÉ TIRÉ DE CE LIVRE :

Quarante exemplaires, numérotés de 1 *à* 40, *sur papier vergé d'Arches. Chaque exemplaire contient un dessin original de* A. ROBIDA.

Et 600 *exemplaires sur vergé bouffant, numérotés de* 41 *à* 640.

Il a été tiré en plus, DIX exemplaires Hors série, marqués H. S.

Exemplaire N° 

Maurice CHEVAIS

THÉLÈME

UN PROLOGUE & QUATRE ACTES EN VERS

SOIXANTE ILLUSTRATIONS DE A. ROBIDA

PARIS
ALBERT MESSEIN, ÉDITEUR
19, Quai Saint-Michel, 19

1920

DU MÊME AUTEUR

A. MESSEIN, éditeur, 19, Quai Saint-Michel

FEUX FOLLETS, *poésies*, avec préface de Maurice Bouchor, 1901.
Un volume in-18 .... 3.50

LA MAIN QUI FILE, *poésies*, avec préface de Maistre François Rabelais, 1903.
Un volume in-18 .... 3.50

CONVOI DE JEUNE FILLE, *poème* 1.00

THÉATRE

LE RÉVEIL DE JACQUES, *comédie en deux actes, en vers* (Bibliothèque d'éducation, 15, rue de Cluny, Paris).... épuisé

GAULTHIER GARGUILLE, *comédie en cinq actes en vers.*
Un volume in-18 .... 3.50

THÉATRE *avec dessins de A. Robida*

I. THÉLÈME, *un prologue et quatre actes en vers.*
Un volume grand in-8.
Soixante dessins de A. Robida 12.00

II. LES FETES DU SACRE, *cinq actes en vers.*
Un volume grand in-8 (en préparation).

III. GAULTHIER GARGUILLE, *cinq actes en vers.*
Edition revue, un volume grand in-8.
Quatre-vingts dessins de A. Robida (en préparation)

PERSONNAGES

Frère JEAN des ENTOMMEURES
EPISTÉMON
NARAIL
MUGUETTE
NÉOLE
THÉLÉMITES

Le PRIEUR Les MOINES L'ARQUEBUSIER Les BLESSÉS L'ENVOYÉ DU ROI PAYSANS, PAYSANNES	*Prologue*
THÉLÉMITES, *des deux sexes.* FOUILLAUPOT, *échanson.* La TOURIÈRE	Acte I *et suivants.*
Le BATELIER Son PASSAGER	Acte II.
Le TAVERNIER La SERVANTE Le PAYSAN Le VEILLEUR DE NUIT Le POSTILLON	Acte III.
Le GÉNÉRAL CAPITAINES SOUDARDS, MOINES Le TROMPETTE	Acte IV.

VERSELETZ

pour ſervir de deffenſe
aux troys livres enſuyvanz

NUMEREULX *ancienz paillardz,*
Béquillardz
Qui de leurs umbres s'effrayent,
Iectent, debvant ces escripts,
De granz crys,
Comme buse ou comme orfraye.

Ces vieulx, tous recreus d'ennuy
Et de nuict,
Au nom des sainctes morales,
N'ont, contre un proupos grivois,
Qu'une voix.
Oyez-les poulser des rasles !

Ie raille, quant est de moy,
Tant d'esmoy,
Tant de preudence et tant d'ire.
Fy du soulcy qui les poinct !
Ce n'est point
Si groussier qu'on le veult dire !

I'ay rithmé les troys récits
Que vécy
En margette des vieulx livres.
Le prime feust Rabelais !
Blasmez-les ;
Telz ils sont ie vous les livre.

***

Las des escripts attristanz
De mon temps,
Ie m'en fuy, à l'adventeure,
Savourer souventes fois
Plein de foy,
Nos vieilles littérateures.

Sans apeurer les oyseaulx,
Danz les eaulx
De ma Touraine chérie,
Ie vay boyre à plein gozier,
Soulz l'ozier,
Emmy les saulges fleuries.

Le beau fleuve étincelant,
Doulx-coullant,
Ne est-il point faict à l'imaige
Du brillant maistre Françoys,
Qui reçoit
Tous les flotz de nos hommaiges ?

Oyez jaser les ruysseaulx,
Ses vassaulx !...
Cestuy-cy, plein de nayades,
Arrousant le Vendosmois
Plus d'ung mois,
Est le roy de la Pléiade.

Par une pierre allenty
Ung petit,
Soubz la framboysine meure,
C'est le ruysselet musard
Que Ronsard
Choyait pour son doulx murmure.

Il roule devers l'Aniou
Ses biioux,
Que Belleau iecte en pasteure...
Ains, ie n'ay point le vouloir,
O beau Loyr,
De faire ta pourtraicteure.

***

A boyre, au pays natal,
Le crystal
D'ung flot emply de sylphides,
A se nourrir de ton laict,
Du Bellay,
Peult-on devenir perfide ?

Ie treuve en leurs guays proupos
Ung repos
Tout lardé de haulte graisse.
I'ay beu cy, et là,... et sol,
Le consol
Qui tout müe en allégresse.

Ces debvis, soubz leur piment,
Cuydez-m'en (1)
Meurdrissent bien moins vos femmes
Que le roman du iour d'huy
Qui conduict
A la perte de leurs asmes.

Ils sont goustez des mignons
Compaignons,
Et non de toy, beste asine ;
Ne de toy qui vas sugçant
Le bon sang
Comme mouche de cuisine.

Vas-tu bouter des rideaulx
Sur le dos
De l'impudicque Nature ?
Et, veyant partout dangier,
Expurgier
Iusqu'aux sainctes escripteures ?

Plutost, espargne à ton front
Ung affront,
Preude fol que ie renvoye
A « l'Eschole des Marys »
Dont les ris
Sauront te monstrer la voye.

Ne blasme que si m'as leu ;
Et saluct !
Ie mets ung genoïl à terre
Et retire mon bonnet
Soubz ton nez,
Riant d'ung ris saluctaire.

Chante, ou fronce avec soulcy
Ton sourcil.
Peu me chault d'une asme obscure.
Aymes-tu brouster du verd ?
Lis ces vers !
Ne lis pas : ie n'en ay cure.

Doncques, « fay ce que vouldras »,
Maigre, ou gras.
Brouste du foin si tu l'aymes,
Ie « fay ce que veulx » *aussi,*
Car vécy
La debvise de THÉLÈME.

(1) *Cuydez m'en,* ce est comme si disiez : *Je vous le asceure !*

Entrez, qu'on fonde
Icy
La foy profonde.
RABELAIS.

PROLOGUE

PROLOGUE

Une cour, au couvent de Seuilly, près Chinon.

A gauche, un puits couvert ; un gros arbre.

Au milieu, une petite chapelle dont la porte ouvre sur la cour. Un banc de pierre, près du perron. A l'appui de la chapelle est une croix dont « le baston est de cœur de cormier, long comme une lance, rond à plein poing, et quelque peu semé de fleurs de lys, toutes presque effacées. » (Ces précisions sont de Rabelais).

A droite une palissade, avec porte couverte. Au-dessus de cette palissade, apparaissent à quelque distance les bâtiments de l'abbaye, les murs de l'enclos, les arbres du verger, la tour du colombier.

Au lever du rideau, on entend sonner deux cloches, à coups redoublés Aussi les paysans arrivent en hâte dans la cour du couvent.

I. PROPOS DES PAYSANS

PAYSANS, PAYSANNES, *maigres, hâves. Là, sont bergers, bouviers, métayers, vignerons tourangeaux, anxieux, inquiets, rassemblés par le tocsin. Ils ont leurs vêtements de travail, leurs outils.*

Viendront se joindre à eux :
EPISTÉMON, *puis* MUGUETTE, *puis le berger* FORGIER.

PAYSANS, PAYSANNES

Le tocsin ! Pourquoi donc le tocsin ? — Palsamblette !
J'étais au gué de Veude à taquiner l'ablette ;
Je ne sais rien de rien. — Toi, sais-tu ? — Mon dieu non !
Ils vont faire accourir tous ceux du Bas-Chinon
S'ils ne s'alentent pas de brimballer leurs cloches.

UN PAYSAN, *à Epistémon qui arrive.*

Vous, le plus grand savant qui soit d'Angers à Loches,
Que chantent, dites-nous, les cloches du couvent ?

ÉPISTÉMON, *modeste, et bonhomme.*

Je suis comme le chien de Bartho, — peu savant.
Aussi, que vous dirai-je ?... A Velilla, sur l'Ebre,
S'ébranlant d'elle-même, une cloche célèbre
Annonce, paraît-il, tous les maux à venir (1).
En serait-il ainsi ?... Je ne puis vous fournir
Qu'un son de cloche. Et puis, quels maux pourraient bien fondre ?...

LE PAYSAN, *pas trop haut.*

Les moines sonnent leurs ouailles pour les tondre.

ÉPISTÉMON

C'est l'avis du prédicateur napolitain
Barletta, qui disait (2), — je traduis son latin, —
« Pour vivre au paradis dans la joie éternelle
Ecoutez au couvent la voix des campanelles :
Dando !... Dando !... *donnez* ! Et donne donc, din don ! »
Plus sourd est le grelot que les frères Fredons... (3)

LE PAYSAN, *interrompant.*

Mais Muguette paraît qui peut, mieux que personne,
Nous renseigner.
Sais-tu pourquoi les cloches sonnent,
Toi qui vis au couvent ?

MUGUETTE,*entrant.*

Non, j'ignore pourquoi.

UN VIGNERON

Nous restons au soleil, béants, coites et cois,
Comme dinde à la broche ou saillon dans l'étuve,
Voire, au lieu d'abreuver nos tonneaux et nos cuves.

UN BERGER, *arrivant.*

Mes amis, c'est la faute aux pouilleux de Lerné.
Si l'on sonne...

ÉPISTÉMON

Eh bien ?

LE BERGER

C'est que la guerre a sonné.

TOUS, *faisant cercle.*

La guerre ?

LE BERGER

Hier matin...

LE VIGNERON, *à une femme qui cause au lieu d'écouter.*

Tais-toi donc, la Perrette !

LE BERGER

Les fouaciers de Lerné s'en allaient en charrette
Au marché de Chinon. Je leur dis, sans mépris :
« Baillez-moi de la fouace et dites-m'en le prix. »

Rien ne vaut leur galette, avec de la bernâche,
Quand on est constipé du ventre (4).

UNE FEMME

Ça relâche.

LE BERGER

Mais tous ces Africains, cavernés en Poictou, (5)
M'appellent claquedent, foyrard et frippe-tout. (6)
Je leur dis : « mes amis, c'est beaucoup d'insolence ! »
Ils me montrent le poing.

TOUS

C'est trop fort !

LE BERGER, *avec force gestes.*

Je m'élance !
Trois bergers de Seuilly s'arment de gros espars.
Un fouacier reçoit, — vlan ! — ma botte quelque part.
Bref ! nos galeux s'en vont clopinant clopinette
Après avoir payé leurs propos malhonnêtes.
Lors, nous les poursuivons jusqu'au droit des quarroys.
Ils s'en vont en geignant abourder leur vieux roi.
Celui-ci donne aux siens vingt mille hallebardes.
Cinq mille aventuriers s'attellent aux bombardes,
Et vont venir sus au couvent pour vendanger
L'enclos.

ÉPISTÉMON, *à Muguette.*

Belle Muguette, échappez au danger

MUGUETTE

Non pas. Je dois rester.

LE PAYSAN

Quand les loups veulent mordre
L'intérêt des pasteurs est d'attendre en bon ordre.
Mais moi, mouton, je vais enfermer le chantiau,
Ecosser la châtaigne et moucher les petiots.
Viens-tu ? *(Il part, avec quelques paysans.)*

UN AUTRE, *qui demeure.*

Sachons au moins pourquoi l'on nous appelle.
Les moines justement sortent de la chapelle.

(Les portes de la petite chapelle sont grandes ouvertes.)

2. LES MOINES DE SEUILLY

Quelques paysans en moins. Toutes les femmes sont restées.
LES MOINES, *trappus, barbus, sanglés.*

(Leurs mains croisées disparaissent dans leurs grandes manches. Les uns passent à gauche, les autres à droite, derrière les gens du peuple.
Le prieur, sorti le dernier, reste au milieu.
Parmi ces moines se trouve Frère Jean des Entommeures.)

UNE FEMME

Chut, voici le prieur !

LE PRIEUR

Soyez bénis, mes fils,
Sur terre et dans le ciel, au nom du crucifix.

TOUS, *se signant.*

Ainsi soit-il !

LE PRIEUR

Le doux Jésus, sauveur des hommes,
A toujours protégé cette terre où nous sommes ;
Il nous protègera demain mieux que jamais
Contre ceux de Lerné qui nous menacent. Mais,
Dieu qui sauve les siens quand les siens en sont dignes,
Daignera-t-il penser que nous avons des vignes ?
C'est pouquoi, mes amis, je vous ai rassemblés.
Nous tenons à l'abri nos seigles et nos blés ;
Mais l'enclos du couvent est l'endroit vulnérable.
Or vîtes-vous jamais raisins plus admirables ?
En est-il de meilleurs, de Chinon à Loudun ?

LA FEMME, *à part.*

J'ignore, n'en ayant jamais vu la queue d'un (7).

LE PRIEUR

Si l'ennemi les vendangeait, dieu ! quelle perte !
Votre corps est solide et vos mains sont expertes ;
Vous aurez vite fait, vous autres, vignerons.
Venez donc nous aider. Nous vous apporterons

Des serpettes, des seaux, des hottes et des seilles.
Au reste, armez-vous bien, la raison le conseille,
Pour le cas, dès ce soir, où viendraient ces vauriens.

PAYSANS, *à voix basse.*

Voilà de braves gens qui ne doutent de rien !
— Mourir pour des raisins que les moines savourent !...

LE PRIEUR

Qui murmure ? Faut-il douter de la bravoure
Ou de la foi de nos ouailles en péril ?

FRÈRE JEAN DES ENTOMMEURES *(sa description plus loin)*

Mon père, ils avaient dit tout bas : ainsi-soit-il !

LE PRIEUR

Taisez-vous, frère Jean.

UN PAYSAN, *aux autres, bas.*

C'est Jean des Entommeures.

FRÈRE JEAN, *aux moines.*

Laissez-moi. Je vais mettre un terme à leurs murmures.
Moines, allez chasser les moineaux ravageurs ;
Vous verrez arriver bientôt des vendangeurs.

(Les moines partent à droite.)

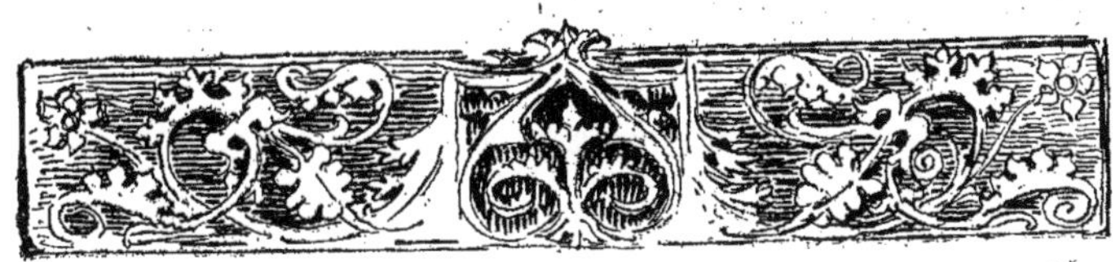

3. LA HARANGUE DE FRÈRE JEAN

Les PAYSANS, *frère* JEAN *des* ENTOMMEURES.

« *Gallant, frisque, de hait (de bonne humeur), bien à dextre, hardy, adventureux, délibéré, hault, bien fendu de gueule, bien advantaigé en nez, beau despescheur d'heures, beau desbrideur de messes, beau descrotteur de vigiles; au reste, clerc jusques es dentz en matière de bréviaire.* »

PAYSANS

Partons !
— Ecoutons-le ; c'est la raison faite homme.

(Les paysans demeurent.)

FRÈRE JEAN

J'ai nom : *Jean*, mais n'ai rien de saint Jean-Chrysostome,
Et ne puis même pas, — de ce ventre nanti, —
Vous dire que je suis Chrysostome en petit,
Vous ne me croiriez pas. Cependant, je l'espère,
Je serai mieux compris que le révérend père.
Eh bien ! pour vendanger, mes chers, il est trop tard :
Nous entendrons bientôt éclater les pétards.
Les ennemis, ici, traîneront leur ferraille ;
Ils vont abattre un pan de la vieille muraille,
Et, — comme ils l'ont promis, — vendangeront l'enclos.
Qu'allez-vous faire, vous ? tenir les volets clos.
Ils ne vous diront rien ; aussi, rien à répondre.
Ecumez votre pot ; laissez vos poules pondre.
Vous avez jusqu'ici, suffisamment souffert ;
Pas besoin de risquer la corde ni les fers
Pour des moines très gros, très roses et très tendres,
Mais qu'à la foire, hélas ! vous ne pourrez pas vendre.
Laissez-nous faire ; et vous, de loin, soyez témoins.
Pour être émasculés nous n'en valons pas moins. (8)
Tous, encor qu'amoindris, sont vaillants comme quatre.
Ce sont mentons poilus, qui peuvent bien se battre ;

Donc, à quoi bon les seconder, vous, les chétifs.
Pour dégourdir un peu leurs membres inactifs,
Et donner à leur ordre une gloire nouvelle,
Pour qu'enfin les héros, — s'il en est, — se révèlent,
Rien ne tombe mieux à propos : ils se battront.
Ne venez pas. Vous forcerez quelques poltrons,
Pour faire respecter leur barbiche d'ébène,
A se battre, bon gré mau gré, ribon ribaine.
En résumé, bataille à nous ; à vous, repos.
Mais si l'on veut apprendre à faire des copeaux,
Qu'on risque un œil entre les ais, et qu'on nous juge.
Partez, car avant peu nous aurons du grabuge.

PAYSANS

Bon ! — Mais votre prieur nous poindra, drez demain.

FRÈRE JEAN

Allez ! J'arrangerai cela d'un tour de main.

LE VIGNERON

Vous êtes un bon moine.

FRÈRE JEAN, *le chassant.*

Allons, allons, décampe !

LE VIGNERON

Mais il n'y en a pas beaucoup de votre trempe.

(Tous sortent, sauf Epistémon et Muguette. Frère Jean ferme la palissade et revient en scène.)

4. LES RÉVÉLATIONS DE MUGUETTE

FRÈRE JEAN, MUGUETTE, EPISTÉMON

FRÈRE JEAN

Vous ne tenez pas à combattre, Epistémon ?...

ÉPISTÉMON

Si fait, par amitié pour vous, mon cher. Si non
Je rejoins ma chronique et je baisse l'aumuce.
J'ai mieux à faire qu'à me batttre, et je me musse.
Je vis dans le passé, modeste historien,
Mais les combats présents ne m'attirent en rien.
D'ailleurs il faut quelqu'un, emmi tous vos grimoires,
Pour garder ces trésors, cartulaires, mémoires.
Je suis calme comme un banc d'œuvre, et très humain ;
Mais si, du bout des doigts, on touche aux parchemins,
Je charge à moi tout seul ces ignobles berbères (5 *bis*),
Et je griffe, et je mords, à l'instar de Cerbère.

FRÈRE JEAN

Vous pourrez travailler en paix. Pour un cabri,
Le ventre de sa mère est le meilleur abri.

ÉPISTÉMON

S'ils avaient le malheur d'arracher une page !...

MUGUETTE

Ils viendront visiter seulement nos cépages.
Mais nous les assaudrons !

FRÈRE JEAN

Toi ?

MUGUETTE

Mais oui !

FRÈRE JEAN, *effrayé.*

Garde-t'en !

MUGUETTE

Je vous suivrai partout.

FRÈRE JEAN

Quitte-nous un instant.
Si la bataille est rude il se peut que je meure :
J'ai quelque chose à dire à celui qui demeure.

MUGUETTE

Et comme on peut aussi fort bien me massacrer
Je veux, à mes amis, dire aussi mon secret.

FRÈRE JEAN

Voyons, suis mes conseils, ma Muguette jolie.

MUGUETTE

Votre exemple, plutôt.

FRÈRE JEAN

Tu ferais la folie
Toi, si sage et si pure, avec ces blonds cheveux,
De paraître devant des hommes sans aveu
Qui se permettront tout s'ils demeurent les maîtres ?

MUGUETTE

Je ne vois pas ce qu'ils pourraient bien se permettre.

FRÈRE JEAN

Moi non plus, mais tu dois t'éloigner... Ces soudards
Ne cherchent qu'à planter ici leurs étendards !

MUGUETTE

Je reste !

FRÈRE JEAN

Tes raisons ?

MUGUETTE

Oh ! je parle sans cire : (9)
J'attends ici quelqu'un, ce soir.

FRÈRE JEAN

Un heureux sire.

MUGUETTE

Si je meurs, l'un de vous devra lui dire...

FRÈRE JEAN, *écartant cette idée.*

Oh ! non !...
Est-ce quelqu'un d'ici ?

MUGUETTE

De plus loin.

FRÈRE JEAN

De Chinon ?

MUGUETTE

De Sicile. Un chanteur qui revient ce jour même
Après six mois d'absence.

FRÈRE JEAN

Il t'aime donc ?

MUGUETTE

S'il m'aime,
Je ne puis, quant à moi, l'aimer, nul ne pouvant
Me libérer de la tutelle du couvent.
Je suis serve, et je vis sous des règles barbares.
Mais rien de ma prison ne peut briser les barres ;
Et je n'ai pas l'esprit assez sot ou méchant
Pour admettre qu'un homme abandonne ses chants,
Sa liberté pour moi. Je n'aime donc personne.

FRÈRE JEAN

Si ce pauvre garçon t'aime, — et je l'en soupçonne, —
En faisant son bonheur tu songerais au tien.

MUGUETTE

D'abord, il n'est pas libre : un serment le retient.
Mais celle à qui, tout jeune, il donna sa parole
A quitté son pays. Il la cherche ; et mon rôle
Se borne à consoler Naraïl, sans faillir.
J'empêche son premier amour de trop vieillir.
Je lui parle toujours de l'absente attendue,
De celle qu'il croirait à tout jamais perdue
Si je n'étais pas là pour bercer son espoir.
Et, — j'en suis convaincue, — il ne revient me voir
Que pour m'entendre encore et toujours parler d'elle.

FRÈRE JEAN

L'égoïste !

MUGUETTE

Non pas. Il prend sur moi modèle.
Il chante ; il me console à son tour. J'entrevois
Un rayon d'espérance au charme de sa voix.
Jusqu'en son beau pays il conduit ma pensée ;
Et je me sens heureuse et bien moins délaissée.

FRÈRE JEAN

Pauvrette ! Mais prends-garde ! Oh ! je connais ton cas !
Tous les deux, en tenant ces rôles délicats,
Vous y mettez tant d'âme et tant d'accent sincère
Que, sans vous en douter, — la chose est nécessaire, —
Vous en viendrez à vous aimer éperdûment.

MUGUETTE

Je suis esclave ; il est lié par un serment.
Nous ne l'oublions pas, et nous ne parlons même
Que de cela.

FRÈRE JEAN

Parbleu !

MUGUETTE

Je ne veux pas qu'on m'aime !

FRÈRE JEAN

Vous vous aimez beaucoup, mes blancs petits pigeons.
Mais, chaque soir, sous le vieil arbre où nous songeons,
Que ne m'as-tu conté cette histoire touchante ?
Tu le sais bien, tout ce que tu me dis m'enchante.

MUGUETTE

J'avais peur, en parlant...

FRÈRE JEAN

Oui, d'en dire trop long.

MUGUETTE

Oh ! je vous ai tout dit.

FRÈRE JEAN

Sans doute et nous allons

Maintenant t'obliger à t'enfuir au plus vite.
Ne reviens qu'avec ton Naraïl. Va, petite.

MUGUETTE

Je resterai non loin. Je vous sais brave et j'ai
Tout lieu de m'alarmer, frère, à votre sujet.
Adieu. Je vous ai dit mon secret le plus tendre ;
Je n'ai qu'à m'encourir, ne devant pas entendre
A mon tour le secret de mon grand ami Jean.

FRÈRE JEAN

J'en demande pardon à ton cœur indulgent.

(Sort Muguette.)

Où l'auteur conte,
— Rabelais ayant omis de le faire, —

5. COMMENT FRÈRE JEAN SE FIT MOINE

Frère Jean, Epistémon

FRÈRE JEAN

Je savais tout cela depuis belle lurette :
J'ai surpris le poète avec sa bergerette.
C'est le premier secret que je vous aurais dit.

ÉPISTÉMON

Ils s'aiment de tout cœur, n'est-ce pas ?

FRÈRE JEAN

Bé, pardi !
Pourtant, le chanteur fait des recherches sincères...
Naraïl fut d'abord matelot. Des corsaires
Le prirent. Chacun crut qu'il était égorgé.
Il s'enfuit lestement de sa prison d'Alger.
Mais Néola, sa fiancée, — encor plus leste, —
Croyant ainsi calmer la colère céleste,
Etait déjà partie,... au nord,... vers les sommets,
Obéissant au vœu de ne pleurer jamais
Ou de prendre le voile à la première larme.
On sait qu'elle a franchi jadis Pérouse, Parme,
Stradella ; mais, depuis six ans, les pèlerins
Qui traînent la besace entre Rome et le Rhin
Ne connaissent rien d'elle. Aussi, tout porte à croire
Ou qu'elle a pris le voile ou fini son histoire.
Tous les ans, Naraïl cherche, par les chemins,
Au pays des Grisons, des Flamands, des Germains.
Dans les couvents, — dans tous, et par ruse, — il pénétre.

ÉPISTÉMON

C'est ainsi qu'il connaît Muguette ?

FRÈRE JEAN

Il peut bien être.
Bref ! Naraîl est libre.

ÉPISTÉMON

Et Muguette, en retour,
Verra-t-elle s'ouvrir la serre du vautour ?
Est-ce donc ce moutier jaloux qui la vit naître ?...

FRÈRE JEAN

C'est le second secret que vous devez connaître.
Je rencontrai jadis une belle et lui plus.

Nous sommes-nous aimés vraiment ? Je ne sais plus ;
J'ai tant connu de Clémentine et de Raymonde !
Mais la pauvre, en mourant, mit une fille au monde.
Pour mon malheur, elle accoucha dans cet endroit.

ÉPISTÉMON

Hélas ! les coutumiers de Touraine font droit.
« Le prieur, disent-ils, devient propriétaire
De tout enfant qui naît au sein du monastère. »

FRÈRE JEAN

Mais moi, je me moquais un peu des coutumiers !
J'offre alors ma fortune, écus, doublons, deniers,

Pour emmener l'enfant ; mais on reste de glace.
Je m'offre à demeurer pour toujours à sa place,
Payant sa liberté de la mienne. J'en vins
Jusqu'à prier le roi d'intervenir, — en vain.
Alors donc.....

ÉPISTÉMON, *interrompant*

J'entrevois l'immense sacrifice.

FRÈRE JEAN

Pour donner à l'enfant mes soins, mes bons offices,
Je vins vivre près d'elle et me fis tonsurer ;
Et tout ce qu'il fallut jurer, je le jurai.
De plus, l'ordre étant chaste et tout plein de décence,
Je fus contraint de me vouer... à l'impuissance.
La petite a seize ans.

ÉPISTÊMON

La petite a grandi
Gentiment.

FRÈRE JEAN, *fier.*

N'est-ce pas !... C'est ce que je me dis.
Eh bien ! je ne veux pas qu'elle soit condamnée
A vivre en ce couvent ses meilleures années !...

ÉPISTÉMON

Pourtant les coutumiers sont très formels encor :
Nul ne peut libérer une fille de corps
Si ce n'est le saint père, ou le roi, ou la reine.

FRÈRE JEAN, *sévère.*

Ils sont charmants, les coutumiers de la Touraine !

ÉPISTÉMON

Qui plus est : si quelqu'un devenait son mari,
Qu'il soit rustre ou seigneur, ou bourgeois de Paris.
Il serait mis lui-même en servage, et ses terres,
Sa maison, passeraient de droit au monastère.

FRÈRE JEAN, *confidentiel.*

Il n'y a qu'un remède, et qui n'est pas nouveau :
S'enfuir dans la nuit noire, avec de bons chevaux.
Les amoureux, — que moi, chaperon, je surveille, —
Me suivent jusqu'à Rome ; et ce serait merveille
Que le pape eût un cœur insensible. En ce cas,
Pour mettre fin quand même à de trop longs tracas,

Je fuirais avec eux sur une caravelle
Et j'irais, plein d'espoir, vers les Indes nouvelles,
Réaliser mon rêve et protéger leur nid.

ÉPISTÉMON

Un rêve merveilleux ?

FRÈRE JEAN

Gigantesque, infini !...
Dans cette humanité désuète et vétuste
Il dresse un idéal meilleur, plus beau, plus juste,
Au-dessus du mensonge et des siècles hideux.
Il nous faudrait des mois pour en causer tous deux.

ÉPISTÉMON

Nous en reparlerons tantôt, à la nuit chue.

FRÈRE JEAN

Oui, mais si l'on me pend à ces branches fourchues
Qui conduira Muguette à Rome ?

ÉPISTÉMON, *trouvant cela tout simple.*

Epistémon.
Mais quant à fuir ensuite aux Indes, cent fois non ;
Je n'y pourrais mener qu'une existence oisive.

FRÈRE JEAN, *souriant.*

Sans doute ! il n'y a pas d'histoire, ni d'archives.

ÉPISTÉMON, *s'éloignant, à gauche.*

Que tout se passe bien. Adieu !

6. ESPÉRANCE D'AMOUR

FRÈRE JEAN, MUGUETTE, NARAIL.

FRÈRE JEAN, *regardant vers la droite.*

Presque enlacés
Nos pauvres amoureux, hélas ! n'ont plus assez
De leurs yeux pour se voir, de leurs bras pour s'étreindre.
Avancez donc, sans peur.

(Muguette et Naraïl paraissent, venant de droite).

MUGUETTE

Oh ! que pourrions-nous craindre ?

NARAIL

Sans vous connaître encor je vous admire tant !

FRÈRE JEAN, *à Naraïl.*

Venez, qu'on vous regarde un peu. Dans un instant
Des fâcheux seront là ; venez vite.

NARAIL

J'hésite...
Je reviendrai ce soir quand toutes vos visites...

FRÈRE JEAN

Que non pas ! Je suis trop heureux que vous veniez.
Tant pis ! J'expédierai plus vite les derniers.

NARAIL

Muguette vous a dit...

FRÈRE JEAN

Tout ; et ce que j'ignore
Je puis le lire en ces yeux-là, chargés d'aurore.

Néole est introuvable ; il n'est rien de changé,
Vous n'avez plus d'espoir ?

NARAIL

Mais, au contraire, j'ai
Le grand espoir de décider enfin Muguette
A devenir ma femme.

FRÈRE JEAN

Et que dis-tu, fillette ?

MUGUETTE

Je suis toute à la joie, et ne veux pas, déjà,
Répéter un serment qui souvent l'affligea.

FRÈRE JEAN

Ton serment n'a plus cours. Sans espoir, sans indice,
Orphéus ne doit plus chercher son Eurydice.
Il est à toi.

MUGUETTE

A moi, qui ne puis être à lui ?

FRÈRE JEAN

Quand chante avril benoist, peut-on clore l'huis ?

MUGUETTE, *sceptique, à Narail.*

C'est qu'il faudrait, hélas ! le pouvoir d'une fée,
Charmer les rocs, fléchir les monstres, bel Orphée,
C'est-à-dire émouvoir tous ces moines...

FRÈRE JEAN, *trouvant le mot le moins méchant.*

Barbus...

MUGUETTE

Qui tous, un seul hors mis, tiennent à leurs abus.

FRÈRE JEAN

Mais il est des moyens...

NARAIL

Je sais ce que je gagne,
Muguette, en vous prenant aujourd'hui pour compagne.
A ce prix-là, ce que je perds ne compte point.

FRÈRE JEAN

Ah ! je baisse la tête et je serre le poing
En pensant qu'un chanteur, libre dans son bocage,
Doit, pour vivre avec toi, partager notre cage !

NARAIL

Vivre libre n'est pas mon plus ardent désir.
Entre l'indépendance et vous je sais choisir.
Et, malgré cette cage où nos cœurs se meurtrissent,
Je veux rester auprès de ma consolatrice.
C'est ton cœur, ton seul cœur, qui sera ma prison.

FRÈRE JEAN, *à Muguette.*

Ouvre donc à l'amour, et ferme à la raison,
Muguette ; nul ne peut rassembler ces deux pôles.
Laisse parler ton cœur, change l'arme d'épaule,
Pour combattre avec nous ton malheureux destin.
Car je vous aide.

NARAIL

Alors le bonheur est certain.

FRÈRE JEAN

Certes, j'ai mon projet.

MUGUETTE

Oui, rendez-moi courage !

FRÈRE JEAN

Ou tardif ou prochain je sens venir l'orage.
Ce n'est pas pour vous consoler, ce que je dis ;
Mais j'en suis, voyez-vous pour que le paradis
Redevienne terrestre, et pour que tous en goûtent.
Je déborde ! Il ne faut qu'une dernière goutte !
Ah ! briser, renverser l'égoïsme et l'erreur !
Montrer à tous, au lieu d'exciter la terreur,
Une page des droits, sans rature et sans marge ;
Donner à son vouloir un champ toujours plus large ;
Echapper au contrôle imbécile d'autrui,
Aux coutumes, par qui tout essor est détruit ;
Des blancs espoirs fougueux laisser flotter les rênes,
Lâcher surtout la bride à la raison sereine.
Ne pas songer sans cesse à son propre salut ;
Et, pour qu'en arrivant près de Dieu, les élus
S'acclimatent très bien au séjour qu'on envie,
Leur en donner un avant-goût dans cette vie !

Contempler le ciel bleu, loin du noir sablier
Qui rappelle aux devoirs qu'on allait oublier !
Contempler est si doux ! mais contempler à l'aise,
Et non au pied d'un mur, sur le dos d'une chaise ;
Ne point prier le ciel, le laisser faire un peu ;
Vivre, enfin, — et créer soi-même (quand on peut). —
C'est un rêve, bien sûr, c'est un rêve d'impie ;
Mais on aime à nourrir de chères utopies
Et, pour ôter l'obstacle, un jour, sans dévier,
Ma volonté tenace est un rude levier !

NARAIL

Ah ! cher et grand ami, que Muguette est heureuse
Quand, pour briser ses liens, une main généreuse
Se tend vers elle, et la soutient et la conduit...
Je viendrai chaque soir, frère, — et dès aujourd'hui, —
Vous demander si la délivrance est prochaine,
Si le jour est venu de rompre enfin ses chaînes.

MUGUETTE, *sceptique.*

Si le miracle est fait !

FRÈRE JEAN, *à Naraïl.*

Vous serez bienvenu.
Mais partez !

NARAIL

Chaque soir...

FRÈRE JEAN

Oui, oui ; c'est convenu !...
Adieu !

NARAIL, *achevant.*

Je vous demanderai : « à quand la fête ? »
Et vous me répondrez un jour : « c'est chose faite ! »

FRÈRE JEAN

Bon ! mais séparez-vous... et sans y compter trop !

(Faisant fuir Naraïl qui ne se décide pas assez vite à se séparer de Muguette.)

Partez donc !... ces Messieurs arrivent au grand trot !

(Naraïl et Muguette sortent à gauche.)
(Les moines, blêmes de peur, venant de droite, pénètrent en courant dans la chapelle.)

7. OÙ FRÈRE JEAN SE RÉPAND EN INVECTIVES

FRÈRE JEAN, LE PRIEUR, UN MOINE, *puis* MUGUETTE

FRÈRE JEAN, *se rangeant pour laisser passer les moines.*

Qu'y a-t-il, doux Jésus ? Quelle ardeur dévorante !
Ont-ils le feu dans quelque endroit, ou la courante ?

LES MOINES, *épouvantés, en se précipitant dans la chapelle.*

Ayez pitié de nous, Seigneur.
— Alleluia !

FRÈRE JEAN, *réussissant à arrêter l'un d'eux, le dernier, le plus gros, essoufflé.*

Toi, mon... petit, tu me diras ce qu'il y a !

LE MOINE

Oh ! laissez-moi passer !

FRÈRE JEAN

Mais pas comme une flèche ?

LE MOINE

Rentrons !... Dans le vieux mur ils ont fait une brèche ;
Ils vendangent l'enclos, en se riant de nous.

FRÈRE JEAN

Qu'allons-nous faire, alors ?

LE MOINE

Nous jeter à genoux !

(Frère Jean lâche le moine qui rejoint les autres pour chanter dans la chapelle.)

FRÈRE JEAN

A genoux ! Voulez-vous appeler un messie ?
A l'attaque opposer la force d'inertie ?
Chasser le diable en lui criant : exsufflatur ?
Ils chantent du latin !... Ces chevaliers d'Arthur,
Devant un vin d'Anjou, d'Aunis, ou de Gironde
Sont très prompts à s'asseoir autour des tables rondes.
Mais, pour sauver la vigne, oh ! s'il faut un tatin
Batailler, plus personne !... Ils chantent du latin !...
Chantez donc autre chose, en ce jour de défaite !
Chantez : « adieu, paniers ! les vendanges sont faites. »
Mais bientôt vous boirez de l'eau, bien entendu ;
Le vignoble qu'on pille est à jamais perdu.
Si Noé vous voyait, lui qui planta la vigne,
Il dirait : « Le déluge est fait pour les indignes.
« Vous aimez l'eau plus que le vin, bons moinillons ?
« Allez donc barboter un peu dans le bouillon !
« Puisqu'au reste, malgré la voix du patriarche
« Vous ne repeuplez pas, n'encombrez plus mon arche ! »

LE PRIEUR, *paraissant sous le porche de la chapelle.*

Troublerez-vous longtemps le service divin ?

FRÈRE JEAN

Pourquoi négligez-vous le service du vin (10) ?

LE PRIEUR, *aux moines, qui, tous, sont dans la chapelle.*

Chassez-moi ce ribault !

FRÈRE JEAN

Chassez plutôt les bandes
Qui viennent disputer le prix de nos prébendes.

LE PRIEUR

Mais que pouvons-nous faire ? Ils sont près de trois cents !
Plutôt, mon fils, — puisque nous sommes impuissants, —
Tandis que je demande à Dieu miséricorde,
Sonnez dru le tocsin.

FRÈRE JEAN

Non, j'ai coupé la corde.

LE PRIEUR

Eh ! bien Nous n'avons plus de recours qu'en la foi !
Elle transporte les montagnes, quelquefois.

Mais vous, que faites-vous ?

— Je retrousse mes manches.

(Prologue — Sc. 7.)

FRÈRE JEAN, *trépignant.*

Enfin, que direz-vous si l'on demande compte
D'un vignoble si beau ?

LE PRIEUR

Nous répondrons, sans honte :
« Un jour Dieu l'a repris qui nous l'avait donné ;
« Que le saint nom de Dieu soit donc béni. »

FRÈRE JEAN

Bénêt !
Je m'emporte, et vraiment ma parole est osée,
Mais tous ces gaillards-là me donnent la nausée !
Voyez, pas un d'entre eux ne bouge ! C'est charmant !
Ohé ! les chroniqueurs, écrivez un moment :
— C'est pour ta gloire, à toi, siècle numéro seize, —
Un chapitre nouveau : La « Furia Francèse ! »

(Muguette arrive, de droite.
Jean sans la voir, se met en devoir de relever ses manches de froc et de chemise.
Puis il prend la croix placée à l'appui de la chapelle.
A part, après avoir fermé le portail de la chapelle.)

J'ai grand tort de m'en prendre à tous ces godailleurs ;
Sont-ce des chevaliers de Malte ? Non ; d'ailleurs,
Ces Messieurs ne voudraient pas se battre un dimanche.

MUGUETTE, *qui l'a entendu.*

Mais vous, que faites-vous ?

FRÈRE JEAN

Je retrousse mes manches !

MUGUETTE

Vous lutterez tout seul ?

FRÈRE JEAN

Mais j'y suis bien forcé !

MUGUETTE

Nous serons deux !

FRÈRE JEAN, *souriant.*

Alors, cela va se corser.

MUGUETTE

J'ai déjà fait ma ronde !

FRÈRE JEAN

Oh ! moins de vigilance !

MUGUETTE

Pour vendanger tous les pillards jettent leurs lances !
Ils ont soigneusement mis leur veste à rebours.
Faute de cuve, ils ont défoncé leurs tambours.
Les mousquets sont en tas, auprès de la fontaine.
Pas un n'est à son rang, soudard ou capitaine.
Tous, bientôt, des plus gros jusqu'aux plus rabougris,
A force de goinfrer et boire seront gris.

FRÈRE JEAN

Bon ! C'est autant de fait. Nous chômerons l'automne.
Le raisin, des tambours, ira de cuve en tonne,
Et nous verrons jûter dès demain le vin doux.
Mais retourne à l'enclos ; arrose l'amadou,
La mèche qui s'enroule autour des arquebuses.
Fais semblant d'arroser les choux. Et puis, — j'abuse ?

MUGUETTE

Non, non !

FRÈRE JEAN

Asperge donc toutes les mèches ; puis
Viens jeter sans retard les lances dans ce puits.
Je hais ce qui permet de tuer à distance.
Moi-même, pour chasser la nombreuse assistance,
Je n'ai que cette croix en bon cœur de cormier.
Ensuite, tu feras office d'infirmier,
L'usage étant qu'après avoir fait les sauvages
On recolle les bras, on pleure les ravages.
Pars ! Voici deux gaillards qui viennent...

(Paraissent deux arquebusiers, la figure mascarée par le raisin noir.
L'un d'eux, celui qui ne parlera pas, tient à l'envers, par la bride, sa salade pleine de raisin.
Muguette sort à droite.)

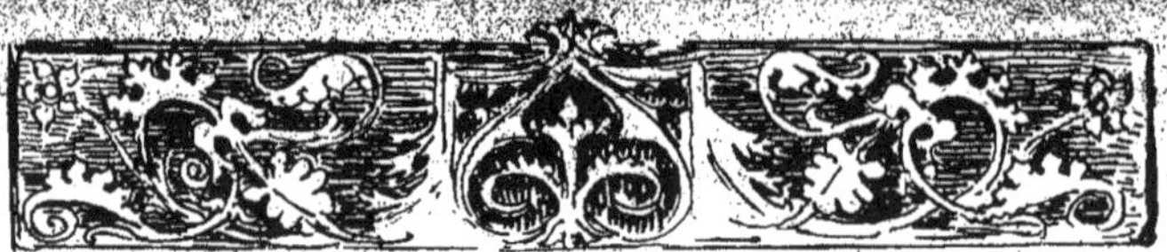

8. LES ARQUEBUSIERS

FRÈRE JEAN, DEUX ARQUEBUSIERS, *puis* MUGUETTE

PREMIER ARQUEBUSIER

Nous venons
Vous demander, l'ami, si vous voulez ou non,
Sans coup férir, et sans attendre, nous remettre
Les clefs de ce couvent.

FRÈRE JEAN

Je ne suis pas le maître !
Mais vous vous entendrez bien avec ces Messieurs ;
Il n'en est pas, je crois, de plus doux sous les cieux,
Et près d'eux toute crainte aussitôt se dissipe.

(Le second arquebusier, qui, seul, a une arme à feu, la pose près du puits pour pouvoir plus librement manger son raisin.)
(Muguette rentre un moment, verse de l'eau sur la mèche de cette arquebuse, et se retire.)

L'ARQUEBUSIER, *important.*

Nous l'aimons mieux ainsi. Nous avons pour principe
De ne pas rechercher les obstacles ; pourtant
De briser ceux qu'on nous oppose en résistant.

(Le second acquiesce en mangeant.)

FRÈRE JEAN

Résister ? oh ! dieu non ! ce n'est pas leur manière.
Ils vont se rendre à vous avec croix et bannière.
Renoncez aux moyens violents avec eux ;
Ces gens-là ne sont pas pour un sou belliqueux.

L'ARQUEBUSIER

Combien sont-ils ?

FRÈRE JEAN

Sans moi ? un mauvais nombre : treize.
Entrez ! Ils vous mettront tout de suite à votre aise.

(Il entr'ouvre le portail.)

LES MOINES, *chantant dans la chapelle.*

Dies irae !

L'ARQUEBUSIER

Que chantent-ils ?

LES MOINES

Dies illa !

FRÈRE JEAN, *ennuyé.*

N'augurez rien de bon, messieurs, de ces chants-là !

L'ARQUEBUSIER

Donc, vous insinuez...

FRÈRE JEAN

Jamais je n'insinue.
Voulez-vous savoir la vérité toute nue ?
Eh bien, vous tombez mal, — je le dis à tous deux ; —
Ça marcherait très bien si tout dépendait d'eux.
Ils vous accueilleraient toutes portes ouvertes.
Ils vous diraient : « prenez, voici des figues vertes.
Voici le colombier, emportez les pigeons.
Vendangez, c'est fort bien ! pillez, nous l'exigeons ! »
Même ils mettraient pour vous la nappe sur la table.
Vous auriez tout le luxe en plus du confortable,
S'il n'était parmi nous quelque mauvais coucheur,
Qui va taper sur vous, ce soir, à la fraîcheur.

L'ARQUEBUSIER, *tremblant.*

Taper sur nous ?

FRÈRE JEAN

Hélas ! comme un batteur en grange !
Vous entendrez tinter bientôt son rire étrange.
Coupe-jarrets, casse-museaulx, cogne-fêtu,
Auprès de lui, rablé, ne sont que blé battu !
C'est le graigneur, le plus ossu, le plus robuste.
Regardez bien, je vais vous faire voir son buste.

(Il quitte son froc. Montrant son œil.)

Voyez-vous dans son œil une flamme qui luit ?
Pauvres de vous ! Tremblez, l'enfer est avec lui !

(L'arquebusier s'empare de l'arme de son compagnon et vise.)

Oh ! vous pouvez viser sa tête scélérate !
Tenez ! je n'ai qu'à faire un signe...

(L'arquebusier tire. L'amadou, mouillé, ne prend pas.)

... Et le coup rate !

LES ARQUEBUSIERS

Oh ! ciel !

(Ils s'enfuient.)

FRÈRE JEAN

Attendez-moi ! Je pars en coup de vent !
Tant pis pour vous, pauvrets, qui prîtes les devants !

(Il bondit vers la droite, brandissant sa croix.
Muguette rentre. Elle jette dans le puits une brassée de piques, puis elle ouvre les portes de la chapelle.
On entend alors chanter A furore vandalorum libera nos, Domine !*)*

9. PENDANT LE COMBAT

MUGUETTE, *les* MOINES, *puis* EPISTÉMON, *puis des* SOLDATS

MUGUETTE, *aux moines.*

Ne chantez plus. Voici le temps des œuvres pies.
Les moins audacieux feront de la charpie,
Et les braves, emmi les vignes de l'enclos,
Iront quérir les éclopés tout frais éclos.

(Les moines sortent de la chapelle.
Muguette place devant eux du linge à charpie.
Tous se mettent frénétiquement à effilocher le linge, mais aucun ne se dirige vers l'enclos.)

Eh bien ! ne savez-vous quel chemin nous y mène ?

(Elle pousse vers la droite quelques moines qui s'éloignent à regret.)

Allons vers frère Jean qui là-bas se démène.

(A Epistémon qui vient de paraître.)

Vous aussi ?

ÉPISTÉMON

Je te suis, Muguette !... Que je sois
Moins courageux que frère Jean, tu le conçois ;
Mais, moins brave que toi, petite, c'est grand'honte.

MUGUETTE, *sortant avec Epistémon, à droite.*

Bon. Mais séparons-nous.

(Arrivent les premiers blessés, et tout d'abord les deux arquebusiers de la scène précédente.)

PREMIER BLESSÉ, *au moine qui le soutient.*

Ce que j'ai ?... J'ai mon compte.

MOINES

Si Jean succombe, rien ne restera debout !
— Ce bâton épineux qu'on ne sait par quel bout
Empoigner, nous expose à périr dans la flamme.

BLESSÉS, *ivres pour la plupart, affreusement mutilés.*

J'aurais voulu me rendre, et non pas rendre l'âme !
— Et toi, gentil compaing ? — Contus de haut en bas !
— Je bats chamade ! — Et vous ? — Je fléchis sous le bât.
— Qui l'eût cru, bandouliers, hordes impétueuses,
Pistoliers, argoulets, boute-feu, courtes-heuses,
Elite des soudards, harpailleurs et torcoux,
Qu'un moine était ici qui nous roûrait de coups !
— Des fuyards étripés dans tous les prés s'affaissent !
— Ils meurent à milliers ! — Sans oir ! — Je me confesse !
Mal m'a pris de grimper dans un pommier !... hélas !
Le moine m'a bouté... céans son échalas !
— Je fuis grand erre, et dis bonsoir au paysage,
Ayant reçu deux coups en travers du visage

— Sainte Vierge, mon dieu ! C'est unique, je crois :
J'ai vu Satan brandir aux cieux la sainte croix !
Il empale et pourfend les gueux qui chantent pouille,
Brise les os, poche les yeux, crève et dépouille,
Cogne, aplatit, renverse, en enfonçant les nez,
Comme si tout l'enfer, avec tous ses damnés
Crachaient cent mille croix de bois sur la peautraille !
— Que tiens-tu dans tes mains, pauvre homme ? — Mes entrailles !

ÉPISTÉMON, *rentrant de droite.*

J'ai pu voir le carnage, hélas ! en m'approchant.
Frère Jean bénit ceux qui meurent sur le champ.
Terrible, il les écrase et les absout avecque
La même croix, semblable à Turpin l'archevêque.
J'aurais voulu l'aider ; à quoi bon, quand la part
La plus belle est déjà la sienne !... Je repars.
La vigne de Naboth courait, avec Elie,
Plus de risques, bien sûr !

MUGUETTE, *rentrant, hors d'haleine.*

L'ennemi se replie.
Tous disent : « Je me rends ». On n'entend que ces mots.
Pichrochole s'enfuit vers La Roche Clermault.
Notre roi le pourchasse.

ÉPISTÉMON

Hein ? Le roi des Turones ?

MUGUETTE, *à Epistémon.*

Avec la reine, et l'héritier de la couronne
Il venait vous prier d'être tout simplement
Le précepteur du roitelet (11)

ÉPISTÉMON

Délivrez m'en,
O mânes de Sénèque et du grand saint Pamphile.

MUGUETTE

Le roi vous enverra quérir tantôt.

ÉPISTÉMON, *sortant à gauche.*

Je file !

MUGUETTE, *heureuse.*

En voyant la bataille il resta stupéfait.
Puis s'adressant à frère Jean qui triomphait :
« C'est très bien ! Grâce à toi je vaincrai Pichrochole !
Mais tes frères ne sont donc pas de ton école ?
— Non, non, dit frère Jean ; ils sont bien à l'abri. »
Aussitôt le regard du roi s'est assombri.

LE PRIEUR

Ce maudit frère Jean ! Pouvait-il pas se taire ?...
A son tour il aura quelque abri... salutaire,
Et l'on verrouillera sa porte !

(Frère Jean, rouge de sang, toujours armé de sa croix, est derrière le prieur. Il a entendu les propos de celui-ci. Il croise ses bras, railleur.)

SCÈNE FINALE.

10. LA DÉLIVRANCE

FRÈRE JEAN, MUGUETTE, LES MOINES, L'ENVOYÉ DU ROI, *et sa suite* ; *puis* NARAIL

FRÈRE JEAN

Par Bacchus ! (12)
Quand les gueux contre vous reviendront mordicus
Vous saurez bien m'ouvrir la porte, ô monacailles !
Ce tantôt vous chantiez de peur, bayant aux cailles ;
Mais l'audace revient quand le danger décroît...
Venez donc !... Devant moi, devant la sainte croix
Les soudards ont tourné les talons et la nuque ;
Les entiers se faisaient petits devant l'eunuque !
Eh bien ! venez-y voir, moinillons en courroux.
Prenez-moi, donc, avant de songer au verrou.

MUGUETTE, *qui se révolte.*

L'enfermer ! C'est trop fort !

LE PRIEUR, *furieux, à Muguette.*

Un peu moins d'insolence,
Ma fille, où je pourrais vous apprendre...

L'ENVOYÉ DU ROI, *étonné de l'accueil fait à frère Jean victorieux.*

Silence !

(On se tait. Tous les regards se portent sur cet envoyé. A Frère Jean.)

Le roi, qui vous a vu, m'a crié de tout cœur :
« Allez complimenter à nouveau le vainqueur ».
Aussi..

FRÈRE JEAN, *modeste.*

N'en parlons plus ; ce carnage est ignoble.
J'en suis honteux. Si j'ai protégé le vignoble...

L'ENVOYÉ

Picrochole est par vous en si grand désarroi
Que le roi tient à vous récompenser en roi.

FRÈRE JEAN

Rien ne presse ; attendez au moins que je respire.

L'ENVOYÉ

Voulez-vous gouverner la moitié de l'empire ?

FRÈRE JEAN, *que tous envient.*

Zeste !

L'ENVOYÉ

Avoir le chapeau de cardinal ?

LE PRIEUR, *qui suffoque et s'étrangle d'étonnement.*

De car !...

FRÈRE JEAN

Non, je suis plus modeste et veux vivre à l'écart.
Mais on doit m'enfermer ce soir, dans quelque huche ;
Obtenez que l'on mette un peu d'eau dans ma cruche.

LE PRIEUR, *conciliant.*

Oh ! non. Je plaisantais. Le dernier des ingrats...

L'ENVOYÉ, *cruel.*

Voulez-vous, — mais alors je vous offre moins gras, —
Etre abbé de Seuilly, prieur de l'abbaye ? (13)

LE PRIEUR

Que deviendrais-je, moi ?

L'ENVOYÉ

Vous ? mais, plus rien.

FRÈRE JEAN, *au prieur.*

Aïe !

Mais non, rassurez-vous : je ne suis pas méchant.
Je ne veux gouverner personne, ne sachant
Même pas, voyez-vous, me gouverner moi-même.
Je voudrais... je voudrais..., — mais c'est tout un poème,
Je voudrais,...

L'ENVOYÉ

Quoi ?

FRÈRE JEAN

Construire un couvent à mon gré,

(Au prieur.)

Tout à l'envers du tien que j'ai tant dénigré ;
Sans cellules, sans lois, sans cloche, et sans gouverne.

(Aux moines.)

Oh ! vous prenez cela, vous, pour des balivernes.
Ce rêve lumineux, si beau qu'il éblouit,
Vous seriez les derniers à le comprendre.

MUGUETTE, *peu charitable.*

Oh ! oui !

FRÈRE JEAN, *à l'envoyé.*

Mais le roi, si c'est là ce que je lui demande,
Pourra-t-il consentir ?

L'ENVOYÉ

J'attends qu'on me commande.

FRÈRE JEAN, *aux moines.*

Eh bien ! donc, je vous offre en partant, mes respects,
Moines à barbe hirsute, adieu, vivez en paix ;
Buvez à ma santé, sans être trop sévères,
De ce vin que vous me devrez ; levez vos verres
Au bonheur de celui qui suit son idéal.
Mais j'eus, dans la bataille, un lieutenant féal,
Qui fit sans peur tout un travail préparatoire.
Je lui dois et vous lui devez cette victoire.
Je l'emmène avec moi. Viens, Muguette.

LE PRIEUR

Oh ! mais non !
Elle appartient à l'abbaye, et nous tenons...

FRÈRE JEAN, *au prieur.*

Mon cher, écoute un peu. C'est toi qui la possèdes,
Mais on m'offre ta place ; eh bien ! je te succède !
Donc, Muguette est à moi. Comme j'en sais le prix,
Je la garde et m'en vais plus loin. As-tu compris ?

LE PRIEUR

Mais tu n'es plus prieur dès que tu te dérobes.

FRÈRE JEAN.

Bah ! pour l'être il suffit d'en conserver la robe.

LE PRIEUR

Mais la propriété d'église...

L'ENVOYÉ, *interrompant le prieur.*

Ta, ta, ta !
Le roi le veut ! Il est le maître en son état !

FRÈRE JEAN

Et puis, son père compte aussi pour quelque chose.
Consulte-le ; — car tu le connais, je suppose.
S'il est encor ce qu'il était quand je le vis
Nous devons être absolument du même avis.

LE PRIEUR

Fille de corps, elle est à Dieu, son premier maître.
Muguette doit mourir où le sort l'a fait naître.

MUGUETTE, *conciliante.*

Je reviendrai mourir ici.

LE PRIEUR

Mais...

L'ENVOYÉ

C'est promis !
Rentrez, messieurs ; j'entends trotter les ennemis.

(C'est la parole décisive. Le prieur lâche prise et rentre dans la chapelle, suivi des moines.)

MUGUETTE, *à l'envoyé.*

Oh ! merci !

(A frère Jean.)

Quel beau jour qui tous deux nous délivre !
Mais notre Epistémon, au milieu de ses livres,
Ne connaît pas encore...

FRÈRE JEAN

Il est enseveli
Parmi tous les trésors qu'il aime. Laisse l'y.

L'ENVOYÉ

Restez. Je vais le voir : Il saura la nouvelle.

(L'envoyé se retire avec sa suite.)

FRÈRE JEAN, *tandis que paraît Naraïl.*

Va trouver Naraïl pour mettre sa cervelle
A l'épreuve. Mais le voici, l'heureux gagnant !
Aimez-vous à mes yeux, voire en vous étreignant,
Car je veux contempler vos mines satisfaites.

NARAIL, *avançant.*

A quand la fête, frère Jean ?

FRÈRE JEAN

C'est chose faite !

RIDEAU

Je n'ai souci que de chimères.
TH. DE BANVILLE.

PREMIER ACTE

PREMIER ACTE

Sept ans après.
L'Abbaye de Thélème. Une cour devant le palais.

Dans la cour, des sculptures sur socle, des colonnades formant un « Castor et Pollux », « gros pilliers de cassidoine et porphyre, à beaux arcs d'antique ». Au long de ces colonnes des plantes grimpantes, volubilis, viornes, glycines. Pelouses, bancs de marbre, semi circulaires, avec dossiers. Quelques trépieds supportant de larges cupules où brûlent des parfums.

A gauche, le bord d'un ruisseau qui s'enfuit sous bois. Au coude de ce ruisseau, une barque, avec voiles, est attachée.

A droite, le coin d'une terrasse à balustrade où l'on accède par un large escalier de marbre, dont les rampes, bordures de pierre, colonnettes, sont « aornées », frisées, fleuronnées, et connaissent déjà toute l'exubérance de la Renaissance. De cette terrasse, qui domine la cour de quelques pieds seulement, on aperçoit le parc et le palais.

Le palais tient le milieu, dernier plan. Colossale merveille. Grande débauche de sculptures et de bas-reliefs dans ses blanches façades. Galeries découpées, avec magnifiques balustrades et arceaux à guipure ; tourelles élégantes, accrochées aux angles ; fenêtres à meneaux et croisillons, richement encadrées ; rosaces à vitraux ; corniches d'où s'élancent de fantastiques gargouilles ; flèches aériennes, cheminées et lucarnes très décorées. Large perron de marbre blanc ; grand porche central au-dessus duquel se lit, en lettres flamboyantes, la fameuse devise : « Fay ce que vouldras ».

« Le tout, dit Rabelais, basty à six étages, comprenant les caves sous terre pour un.

« Ledict bastiment estoyt cent fois, plus magnifique que n'est Bonivet, ne Chambourg, ne Chantilly ».

De gauche à droite, dans le fond, apparaît une forêt immense, avec ses replis, ses grands arbres qui moutonnent. A l'orée de ces bois, hautes statues, stèles, dont la blancheur éclate sur un fond de feuillage sombre.

Le soir viendra.

I. — LA CHANSON

Les THÉLÉMITES, *hommes et femmes ; parmi eux* FRÈRE JEAN
EPISTÉMON

(Les Thélémites forment différents groupes. Les uns sont étendus avec paresse. Les autres jasent, boivent, ou passent, enlacés. D'autres chantent accompagnés par des violes, flûtes, harpes, théorbes.
Un jeune échanson, rose et blond, — Fouillaupot, — circule d'un groupe à l'autre.)

THÉLÉMITES

Fouillaupot, verse encor ! — Trinch ! — Alluz et Caros (1) !
— Nous buvons à Thélème (2), à ses deux tourtereaux
Muguette et Naraïl, ce nourrisson du Pinde.
— Videz-vous, jarres, muids, tonnes, tinnes et brindes !
— Pour eux, semons des fleurs aux parfums pénétrants.

FRÈRE JEAN, *toujours dans son habit de moine, à Epistémon, qui prend des attitudes modestes.*

Ils se sont à ma barbe aimés pendant sept ans,
Tandis que tu mêlais le sévère et l'affable
Dans ta cyropédie, et dans les mille fables
Ecrites pour ton fils de roi. Bien nous en prit :
Les petits de Thélème en goûtent tout l'esprit.

THÉLÉMITES, *roulant des tonneaux.*

Sus aux vins de Touraine ! — Eventrons les futailles !

FRÈRE JEAN, *les bras levés, désespoir heureux.*

Thélème ! tes celliers sont des champs de bataille !

EPISTÉMON

Muguette accepte enfin ; l'amour est triomphant !
Ta fille...

FRÈRE JEAN, *bas, interrompant.*

Oh ! pour toi seul, Muguette est mon enfant.

EPISTÉMON

Mais pourquoi lui cacher si longtemps sa naissance ?

FRÈRE JEAN

Elle témoignerait trop de reconnaissance ;

Son amour hésitant pourrait se partager ;
Enfin, nous aurions trop le droit de nous juger.
L'auteur conserve donc l'anonymat. Muguette,
Qui n'est, tu le sais bien, ni prude ni coquette,
Retardait son aveu. Pouvais-je intervenir ?
Seul, Naraïl devait lutter pour l'obtenir.
Pendant les mois d'hiver, il a fait, chaque année,
A travers monts et vaux de longues randonnées,
Et n'a pu recueillir aucun détail, — aucun, —
Sur celle qui, peut-être, est morte.

EPISTÉMON

Aussi chacun
Admirait ta Muguette en blâmant ses scrupules.

THÉLÉMITES, *regardant à gauche*

Les voici !
— Chantons donc, à l'heure des copules,
Quelques couplets de Naraïl.

(Musique de théorbes, harpes, etc. Un thélémite, accordant sa viole.)

Mon sol est faux.
— Puisque l'auteur entend, chantons-les comme il faut.

CHANTEURS, *après un prélude.*

L'aurore point. Tombe, rosée !
Les elfes m'ont dit : « Tyolla,
Il n'est pour toi qu'une épousée ;
Mais trouve-la. »

RITOURNELLE

« Viens avec moi chercher cette âme,
A dit l'aurore au petit doigt.
O Tyolla, choisis pour femme
Celle qui doit. »

RITOURNELLE

Aurore fuit. Soleil ruisselle.
M'a dit le grand soleil qui luit :
« Celui qui ne trouve pas celle,
Malheur à lui ! »

FOUILLAUPOT, *accourant, de gauche, aux chanteurs.*

Frères, ne chantez plus !

LES CHANTEURS

Pourquoi ?

FOUILLAUPOT

Muguette arrive.
Cette tendre chanson la rend toute pensive.

(Tous les Thélémites se lèvent et s'avancent pour recevoir Muguette et Naraïl venant de gauche.)

THÉLÉMITES, *dansant, jetant des fleurs.*

Les voici ! — *Gloria* ! — Vivat !

EPISTÉMON

Ils sont tous mûrs !
Vous criez à nous rendre sourds ! Je plains les murs !
A vous entendre ainsi canarder, ma parole,
On se croirait errer non loin du capitole.

TOUS

Coin !

EPISTÉMON

Fêtez-vous Cassandre, ou les noces, plutôt,
De la reine Pédauque avec le roi Pétaud !

(Bruyamment, les Thélémites sortent à gauche.)

Mais où vont-ils ?

NARAIL

Ils vont, dans la forêt voisine
Prendre quelques moineaux, au gluau de résine.

EPISTÉMON, *indigné.*

Par exemple !

NARAIL

Ils voudraient faire un lâcher d'oiseaux,
Ce soir, en notre honneur.

EPISTÉMON

Tendre ici des réseaux !
Vite, mariez-vous, que les petites ailes
S'échappent sans retard. Adieu, mademoiselle.

(Il sort à gauche.)

2. — LE CONSENTEMENT

FRÈRE JEAN, NARAIL, MUGUETTE

FRÈRE JEAN, *à Muguette.*

Qu'as-tu donc à pleurer ? raconte à frère Jean...

NARAIL

Ami, rassurez-vous ; rien de bien affligeant
N'est venu déranger nos desseins les plus tendres ;
J'y compte bien, du moins. Mais nous venons d'entendre
Un air de mon pays sous lequel j'avais cru
Bien faire, en traduisant des couplets de mon cru.
Ces couplets font pleurer une épouse chérie.

FRÈRE JEAN

Mais ce chant ne contient que des galanteries !

MUGUETTE

Oui, mes amis, j'ai tort. Mais j'entends les couplets
Dire que le bonheur, pour l'homme, n'est complet
Que s'il découvre un jour la femme brune ou blonde
Éclose pour lui seul, serait-ce au bout du monde.

(à Naraïl.)

Que diront les destins, si nous nous unissons ?

FRÈRE JEAN

Allons donc ! ce sont là des propos de chansons.

Les destins n'ont pas droit de cité dans Thélème.
Epouse Naraïl, petite, si tu l'aimes.

NARAIL

Pour les vaincre, d'ailleurs, notre amour nous suffit.

MUGUETTE

Ils sont puissants !...

NARAIL

Tant mieux ! je les mets au défi !

MUGUETTE

Ah ! si tu te trompais, quelle affreuse torture !

FRÈRE JEAN

C'est la romance qui se trompe, d'aventure !

NARAIL

Non, non, non ! les propos des couplets sont certains.
Mais c'est vers toi que m'ont conduit les bons destins.
C'est toi que les chanteurs et que la chanson visent.
Je te la redirai tout bas, belle indécise,
Et cela vaudra mieux que de reprendre encor
Les preuves, les raisons qui nous ont mis d'accord.
Que ton âme soit amoureuse autant que droite ;
Qu'il n'y ait plus de place, en nos amours étroites,
Pour l'ombre qui sans cesse entre nous se glissait.
Les destins me guidaient vers toi seule.

MUGUETTE

Qui sait ?

NARAIL

Ils ont caché Néole au sein des ombres noires,
Et chassé malgré toi ses traits de ma mémoire.
Et chaque hiver, lorsqu'à Muguette j'obéis,
Quand j'explore un couvent, dans un riant pays,
Ils tenaillent mon cœur et ramènent mon âme
Bien longtemps avant moi près de ma douce femme...

(Décidé.)

Je reviens pour ne plus repartir, — et j'ai mis
Tout l'espoir du retour dans le bonheur promis.
Muguette, ouvre tes bras ; tu m'étais destinée.

(Un court silence.)

MUGUETTE, *dans les bras de Naraïl.*

Soyons donc l'un à l'autre.

NARAIL

Et que cette journée
Soit seule à voir jamais se mouiller tes beaux yeux.

FRÈRE JEAN, *voyant revenir les Thélémites.*

Les voici, plus ardents, plus bruyants, plus joyeux.

3. — L'ABBAYE DE THÉLÈME

Frère Jean, Narail, Muguette, Epistémon, Thélémites

(Ceux-ci arrivent avec des cages, paniers, boîtes où se débattent des oiseaux. Ils vont déposer ces cages hors scène, à droite.)

FRÈRE JEAN, *à Epistémon.*

Ont-ils pris des oiseaux ?

EPISTÉMON

Oui, sans meurtrir une aile.

UN THÉLÉMITE

Pour une fois, faisons des noces solennelles !

FRÈRE JEAN

Oh ! non. Mais je veux bien discourir un moment.
Le roman de Muguette est aussi mon roman,
Le nôtre ; et c'est un cas unique, j'imagine,
Qui s'offre à moi de rappeler nos origines.
Je m'en vais, en trois mots...

THÉLÉMITES

Nous allons les compter !
— Quand frère Jean s'excuse aux primes jours d'été,
C'est qu'il veut discourir jusqu'aux ides d'octobre.
— Un vaillant peut toujours parler !

FRÈRE JEAN

Je serai sobre.

THÉLÉMITES

— Plaçons-nous, — la parole est au plus babillard !

(Frère Jean, dominant toute la scène, est maintenant sur le petit tumulus, derrière la balustrade.

Devant cette tribune, les Thélémites se placent au hasard, couchés, assis, debout, enlacés.

Fouillaupot se tient non loin de frère Jean.)

FRÈRE JEAN

Je vais, — tout en singeant maître Olivier Maillard, —
Comme l'on fait dans le théâtre, au premier acte,
Pour exposer la pièce à la foule compacte,
Rappeler notre histoire, — en *deux mots* ! — comme si
Un public m'écoutait, sur son derrière assis.
Cependant, Fouillaupot, retiens cette maxime :
Beau parleur doit avoir cruche pleine à proxime,
Et le diable fera des souliers de ta peau
Si je ne puis, en discourant, humer le pot. (3)

(Il boit, puis narre avec bonheur.)

Mes amis, je reviens à nos sources. Naguère
La Touraine connut les affres de la guerre.
Picrochole, le roi stupide de Lerné,
Voulut venger ses gens qu'on avait bâtonnés.
Je reçus ses routiers, et nous nous imposâmes,
Muguette et moi, le soin de libérer leurs âmes.
Ma croix était en cœur de cormier. Du revers,
Je frappai ces bandits comme du seigle vert.

Je fis un grand carnage, hélas ! lorsque j'y pense !
Il y a de cela sept ans. En récompense,
On me laissa, — sans règle, et quelqu'en soit le prix, —
Fonder Thélème à la couleur de mes esprits.

(Une douce harmonie se fait entendre.)

Tout y est magnifique : hippodrome, théâtre,
La basse-cour, avec ses fontaines d'albâtre,
Les palais merveilleux, les six grands escaliers,
Les tours et leurs balcons, les chambres par milliers,
Les portiques de marbre et leurs hautes colonnes,
Les jardins qui feraient envie à Babylone,
Les ateliers, où nous travaillons en commun,
Les champs ensemencés par tous et pour chacun,
Le grand parc, foisonnant en toute sauvagine,
Le temple du savoir, en notre île d'Egine,
Et la ménagerie où nos fauves vaillants
Se tiennent tout prêts à bondir sur l'assaillant,
Et la bibliothèque, et la forêt immense...
Mais où m'arrêterai-je, amis, si je commence
A décrire aujourd'hui, d'un bord à l'autre bord,
Ces lieux cent fois plus grands et plus beaux que Chambord ?

(Des voix d'hommes, lointaines, chantent l'amour et la vie.)

MUGUETTE

C'est la cité d'amour, de joie et de jeunesse,
Où l'homme donne à l'homme un baiser fraternel,
Où sans cesse, à nos yeux, les fleurs naissent, renaissent
Comme en un printemps éternel.

(Des voix de femmes succèdent aux voix d'hommes dans les chœurs lointains.)

NARAIL

C'est la cité des arts, où les âmes exultent !
Nos mains pincent la harpe, écrivent, peignent, sculptent.
Et, du palais jusqu'à la Loire aux bords sableux,
Nos chants d'amour s'en vont vers les horizons bleus.

(Les voix d'hommes et de femmes vocalisent ensemble.)

MUGUETTE

C'est la cité de paix, douce et laborieuse,
Où, quand l'homme s'en va guider le soc tranchant,
La femme aux doigts légers, brode ou file, rieuse,
Sous les arbres des mêmes champs.

(Concert pur, d'instruments anciens.)

C'est la cité d'amour, de joie et de jeunesse ?

A. I — Sc. 3.

NARAIL

C'est la cité des cœurs unis indivisibles,
Où le bonheur de l'un rend les autres joyeux,
Où la mort fait pencher mille roseaux flexibles,
Et, longuement, jaillir des pleurs de tous les yeux.

(Les voix d'hommes et de femmes, lointaines ou proches, s'ajoutent de toutes parts aux concerts des violes, flûtes, harpes, hautbois...)

EPISTÉMON

C'est aussi la cité du savoir, de l'étude.
Nous vivons déchargés de toute inquiétude,
Sans craindre l'au-delà, les dieux, ni leurs démons,
Et, librement, chacun respire ainsi à pleins poumons.
C'est la cité modèle où l'homme s'émancipe (4),
En s'asseyant très posément sur les principes.
Thélème est, voyez-vous un séjour enchanté,
Une île, dans la mer des imbécillités.
Et quel est l'instrument puissant qui nous délivre
Des ennuis, des erreurs, des préjugés ? Le livre !
Il donne aux rois, aux lois, aux dieux le coup mortel.
Cependant, il faut vivre, et nos besoins sont tels
Que nous ne pouvons pas nous croire à Salamanque.
Nous cultivons, nous fabriquons ce qui nous manque,
Sans échanger l'or vil, que l'on méprise ici,
Sans concurrence, et sans fatigue, et sans souci.

NARAIL

C'est la vie en commun, large, où rien ne limite
Le morceau qui revient à chaque Thélémite.
C'est une bergerie aimable, sans berger,
Où les jours et les mois, — hélas, — passent léger.
Pas le moindre statut, aucun vœu ni chapitre.
Veille ou dors, car tu n'as qu'un chef : ton libre arbitre.
Couche-toi sous la feuille, ou l'étoile, ou les draps.
Fais, — c'est notre devise à tous, — ce que voudras !

(La musique cesse.)

FRÈRE JEAN

Donc, semblable cité doit vivre. Elle est si belle !
Il nous faut pour cela des fils, en ribambelle ;
Or, pour moi, je ne puis, — je sais ce que je vaux, —
Que vous regarder faire en vous criant : bravo !
Mais vous, les papillons, suivez les libellules.
Croissez, multipliez ! qu'en Thélème pullule
Tout un peuple enfantin qui sera déchargé
Par notre Epistémon des moindres préjugés.

L'idéale cité doit faire tache d'huile.
Notre œuvre de vertu sera-t-elle infertile ?
Non, nous avons déjà deux cent trente écoliers.

(A Muguette et Naraïl.)

Tout deux, prêchez d'exemple ; allons, multipliez !
Et goûtez au bonheur ; chacun vous y convie.

NARAIL

Frère Jean, veuillez donc nous unir pour la vie.

FRÈRE JEAN, *descendant de la tribune.*

Pour cet acte si simple est-il besoin d'un tiers ?
Et pourquoi me choisir, encor que j'en sois fier ?

MUGUETTE, *câline.*

J'y tiens absolument.

FRÈRE JEAN

Comme ils ont les reins souples !

(Se plaçant entre Muguette et Naraïl.)

Formez donc, mes amis, le plus charmant des couples.
Jouissez du présent ; chantez l'avril. Ayez,
Plutôt que de faux dieux protecteurs des foyers,
Le culte des vivants, du vrai, du bon, du juste,
Et de l'amour. Soyez, toujours beaux et robustes
Pour nous donner souvent de florissants rameaux.
Thélème est là, qui veut revivre en vos marmots.

NARAIL

Muguette, consens-tu toujours ?

MUGUETTE, *dans les bras de Naraïl.*

Je suis ta femme.

(Ils sont entourés et complimentés.)

FRÈRE JEAN

Mais un discours pareil essouffle, altère, affame,
Et l'on m'en saura gré si d'un mot je finis.
Amoureux, sauvez-vous dans le creux d'un bon nid ;
Sur leurs fûts, que les dieux cornards, satyres, faunes
Si moqueurs (5), ne soient plus bientôt que riants-jaunes ;
Que les amours de pierre, au bruit des baisemains,
Avec les dieux des bois soient jaloux des humains.
Nature vous attend ; vous n'êtes pas de marbre !
Les meilleurs fruits sont ceux que l'on goûte sous l'arbre,

7. — LES MENSONGES

FRÈRE JEAN, EPISTEMON, NÉOLE, *puis un moment,* FOUILLAUPOT

NÉOLE, *à frère Jean.*

Mon père, pour si peu que ma présence coûte,
Je vois que l'on se heurte à des difficultés
Qu'il serait difficile à vous de surmonter.
Je me retire donc.

EPISTÉMON

Hélas ! mademoiselle,
Frère Jean, voyez-vous, est toujours plein de zèle
Pour consoler tous ceux qui pleurent ; mais je dois,
Moi, trésorier, compter un peu plus sur mes doigts.
Or, j'ai fait le total des petites dépenses.
Je vous dirai tout nettement ce que je pense,
D'autant plus vite aussi que ce beau jour décroît.
Frère Jean m'a conté votre histoire, et je crois
Que pour prendre le voile et la robe fatale
Rien ne vaut le soleil de la terre natale.
L'éloignement cruel force à se souvenir.
D'ailleurs, si quelque jour l'ami doit revenir
Pourrait-il vous trouver ici ? bien difficile !
Peut-être que déjà, dans la verte Sicile,
Naraïl...

NÉOLE

Naraïl ! qui vous a dit son nom ?

EPISTÉMON

Ne l'avez-vous pas dit à frère Jean ?

NÉOLE

Mais non !

EPISTÉMON, *anéanti.*

Il faut que je le tienne alors... des douze apôtres.

FRÈRE JEAN, *bas, à Epistémon.*

Mon cher, nous ne savons mentir ni l'un ni l'autre.

EPISTÉMON, *bas, à Frère Jean.*

Comment vais-je pouvoir m'en tirer, à présent ?

FRÈRE JEAN, *de même.*

La vérité s'impose.

EPISTÉMON, *de même.*

Oui, j'en suis partisan.

(Haut, rusant, à Néole.)

Craignant de vous causer un plaisir trop intense
J'avais pris les sentiers lointains de la prudence...

NÉOLE

Que savez-vous de Naraïl ?

EPISTÉMON

Ce que j'en sais !
C'est que depuis longtemps il foule un sol français...
Il est en ce couvent.

NÉOLE

Ici ! bonté divine !

EPISTÉMON

Mais, il est moine.

NÉOLE

Eh ! oui, c'est ce que je devine.

EPISTÉMON, *précipitant.*

Vous ne pouvez plus l'épouser.

4. — LA TOURIÈRE

FRÈRE JEAN, LES THÉLÉMITES, LA TOURIÈRE

FOUILLAUPOT

Frère Jean, la tourière est là.

LA TOURIÈRE, *s'avançant.*

Pour un détail.
Une brune, qui doit se tromper de portail,
Avant la fin d'un jour qui commence à décroître,
Veut trouver un pieux refuge, voire un cloître.

FRÈRE JEAN

Indique-lui sa route.

LA TOURIÈRE, *insistant pour que la visiteuse soit reçue.*

Elle a tant de douceur !
Elle m'a demandé d'abord un confesseur.

(Retraçant le dialogue.)

« J'ignore si je vais le trouver ; le jour baisse.
— Pourriez-vous seulement prévenir votre abbesse ?
— Hélas ! ma pauvre enfant, l'abbesse a trépassé !
— Morte ! fit-elle, oh ! Dieu, *requiescat in pace.*
— Mais, dis-je, un très bon moine assure le service,
Veille au bien-être, absout, conduit même l'office.
— Est-il ici ? — Toujours ici, matin et soir. »
Voilà tout. Si tu veux, elle viendra s'asseoir
Auprès de toi pour te raconter ses affaires.

FRÈRE JEAN

Je veux bien l'écouter.

LA TOURIÈRE

Maintenant ?

FRÈRE JEAN

Je préfère.

(Aux Thélémites.)

Retirez-vous un peu.

UNE THÉLÉMITE

Prenez bien garde, Jean,
De tomber amoureux ?

FRÈRE JEAN

Il faut, très braves gens,
Pour allumer l'amour en moi, que je sirote
Quelques infusions d'herbe anacampsérote ;
Qu'un peu de mon amour pour vous consente à fuir ;
Que la flèche d'Eros puisse entamer mon cuir ;
Que j'aille enfin jusqu'à Charroux (6), la ville aux puces,
Embrasser ce qui reste encor du saint prépuce.
Du reste, au dieu chrétien, — je vous le dis tout bas, —
J'ai fait certain cadeau qu'il ne me rendit pas.
Depuis, — pour m'exprimer par une métaphore, —
Je suis propre à garder les belles du Bosphore,
Et demeure à l'abri de tous ces petits riens.

LA THÉLÉMITE

C'est tant mieux pour toi.

FRÈRE JEAN

Donc, frères épicuriens,
Et vous, mes sœurs, daignez toutes et tous ensemble,
Faire où vous le voudrez tout ce que bon vous semble.
Moine, de tout jouis et de rien ne t'émeus.
Vis sans ordre au milieu de l'ordre où tout se meut.
C'est là, — je tire un peu la barbe du vieux Pline, —
L'alpha et l'oméga de toute indiscipline.

Ai-je beaucoup parlé ?

LA THÉLÉMITE

Pas trop.

FRÈRE JEAN, *à Fouillaupot.*

Et bu ?

FOUILLAUPOT

Des tas !

FRÈRE JEAN

Tant mieux ! le vin rend sage : *in vino veritas.*

(Tous se retirent.)

5. — LE ROMAN DE NÉOLE

(Premières grisailles du crépuscule, et bientôt les premières étoiles. Il fera presque nuit à la fin de l'acte.)

FRÈRE JEAN, NÉOLE, LA TOURIÈRE, *puis, un moment,* FOUILLAUPOT

(Entre Néole, que conduit la Tourière.)

LA TOURIÈRE

Voici notre bon moine, auquel...

FRÈRE JEAN, *à Néole.*

Oui, mon amie.

LA TOURIÈRE, *achevant.*

Vous pourrez vous ouvrir.

FRÈRE JEAN, *à la Tourière qui s'éloigne.*

Bon Dieu, qu'elle est jolie !

(A Néole, embarrassé.)

Demoiselle...

NÉOLE

Mon père.

FRÈRE JEAN, *se reprenant.*

Heu !... ma fille... c'est bien.

...art.)

...ouve plus rien à dire, nom d'un chien !

...)

...z le désir... d'entrer...

NÉOLE

Oui, mon bon père,
Si vous m'en jugez digne.

FRÈRE JEAN, *troublé.*

Oh ! digne, je l'espère.
Mais... nous ne sommes pas logés très... grandement.

(A part.)

Quel mensonge, mon Dieu !

(Haut, sans suite.)

Aussi... pour le moment...
Et puis je ne sais pas si vraiment votre place
Est ici. Cependant... vous devez être lasse ;
Vous pourrez, cette nuit, prendre un peu de repos.
Restez... deux jours, si vous le jugez à propos.
D'ailleurs je ne puis pas vous répondre trop vite.
Je ne me gêne pas ; tenez, je vous invite
A suivre ces chemins pour jeter un coup d'œil.
C'est très beau quand le soir met sa teinte de deuil.

NÉOLE, *sortant à droite.*

Oui, mon père.

FRÈRE JEAN, *seul.*

Elle doit me trouver ridicule.
La pauvre n'a pas pu placer une virgule.
Bien sûr ma raison va chercher noise à mon cœur.
Mais je ne suis jamais du côté du vainqueur ;
François vaincu, je suis pour François contre Charles.
« Frère Jean ! Frère Jean ! »
Chut ! c'est mon cœur qui parle !

(Comme traduisant une voix intérieure.)

« Prends pitié de mes pleurs, baisse le pont-levis.
« Donne à l'oiseau qui passe un grain de chènevis.
« Laisse vibrer la corde amoureuse et sensible.
« Malgré ton âge, aimer n'est pas chose impossible ».

(Traduisant la réplique d'une autre voix.)

« Eh bien ! sois amoureux ! je quitte la maison ! »
— Là ! mon cœur vient de mettre en fureur ma raison !
« N'écoute pas ton cœur, mon Jean, mais plutôt songe
« Qu'il te faudra conter mensonge sur mensonge
« A cette enfant pieuse, en un couvent pareil.
« Et puis, plus de gaîté, de repos, de sommeil.
« Va, ton cœur court après la fièvre cardiaque.
« Reste, vieux charbonnier, maître dans ta baraque.

« Non, Thélème n'est pas le séjour des reclus.
« Ton bon cœur te perdra. Moi, j'ai parlé ; conclus ! ».

(Néole passe au fond.)

Elle revient déjà !

(Allant à elle.)

Ma fille, je persiste...
Il ne faut pas que ma parole vous attriste ;
Mais vous ne pouvez pas...

(A part.)

Que vais-je dire là ?

(Haut.)

Je ne sais pas du tout que décider, voilà !

NÉOLE

Je pars. Ce beau couvent, vers qui Dieu m'a poussée,
Dépasse de beaucoup mon rêve, ma pensée.

FRÈRE JEAN

Mais pourquoi songez-vous à prononcer des vœux ?

NÉOLE

Faible devant le ciel, je comprends ce qu'il veut.
Dans la maison de Dieu finiront mes souffrances.

FRÈRE JEAN

Avez-vous tant souffert ?

NÉOLE

Loin du beau ciel de France
J'aimais un doux chanteur, pauvre, trop pauvre, à qui
Ma main fut pour cela refusée. Il acquit
Beaucoup d'or aux comptoirs de Chypre et de Surate,
Mais au retour il fut surpris par des pirates.
Je l'ai, pendant deux mois, toute en pleurs, attendu.
Mort ou captif il est à tout jamais perdu ;
Et devant ce malheur, pour gravir mon calvaire,
Je me suis imposé cette règle sévère :
J'ai voulu, sans un pleur, errer, toujours errer.

(Musique lointaine, où l'on retrouve quelques mesures de la chanson de la scène I.)

Mais ce soir, en passant près d'ici, j'ai pleuré.
Dieu veut que ma première épreuve se termine.
Stoïque, j'affrontais les tourments, la famine ;
Mais je suis toujours femme et faible, je le vois.

FRÈRE JEAN, *tremblant.*

Pourquoi donc avez-vous pleuré ?

NÉOLE

De douces voix
Ont chanté, près d'ici, les trois couplets pleins d'âme
Que jadis mon poète avait faits pour sa dame.
Aucune autre chanson n'aurait su m'émouvoir ;
Pour la première fois je manque à mon devoir.

FRÈRE JEAN, *dominant sa frayeur.*

Mais vers notre forêt qui donc vous a guidée ?

NÉOLE

Comme si sur ma route il m'avait précédée
Je retrouvais ses chants mille fois entendus.
Quelque chanteur errant les avait répandus ;
L'ouvrier les chantait, le bouvier des montagnes..
J'ai donc suivi, jusqu'à ces Marches de Bretagne,
Un chemin tout semé de ses refrains troublants.
C'est le conte ancien des petits cailloux blancs.
J'aurais été plus loin ; Dieu n'a pu le permettre.
J'obéis à la voix de Dieu, de mon seul maître,
Qui veut que je le serve en un pieux repos.

(La musique cesse.)

Mais vous semblez souffrir ?

FRÈRE JEAN, *épouvanté, appelant.*

Fouillaupot, Fouillaupot ?

FOUILLAUPOT

J'accours ! oh ! qu'avez-vous ?... Puis-je vous être utile ?

FRÈRE JEAN, *bas, la main sur le cœur.*

J'ai reçu là...

FOUILLAUPOT

Quoi donc ?

FRÈRE JEAN, *bas.*

Un affreux projectile.
Tais-toi, n'en fais rien voir. Mais dis-moi si, tantôt,
Naraïl a quitté Thélème.

FOUILLAUPOT

Oui, en bateau.

FRÈRE JEAN, *bas.*

Cours après.

FOUILLAUPOT

Vous laisser seul ainsi ? Non.

FRÈRE JEAN, *bas.*

Détale !

FOUILLAUPOT

Vous ressentez une douleur...

FRÈRE JEAN, *bas.*

Monumentale !
J'ai chaud !... Je suis glacé !... mais ce n'est rien du tout !

(Il s'écroule sur un banc de pierre.)

NÉOLE, *venant à lui.*

Vous souffrez ? je pourrais...

FRÈRE JEAN

Non, c'est un peu... de toux.

(Il essaie de tousser.)

FOUILLAUPOT, *sortant, à droite.*

J'appelle Epistémon qui passe.

FRÈRE JEAN, *décisif.*

Mon amie,
Votre place est chez nous !

(Puis, moins catégorique.)

Si nos économies...
Promenez-vous encor... Je vais consulter mon...
Trésorier.

NÉOLE, *offrant ses soins.*

Mais vraiment !...

(Epistémon s'avance, alors sort Néole à gauche.)

6. — LES DEUX AMIS

FRÈRE JEAN, EPISTÉMON

FRÈRE JEAN

Mon pauvre Epistémon,
C'est elle !

EPISTÉMON

Qui ?

FRÈRE JEAN

Néole !

EPISTÉMON

Ah ! bah ?... Quelle nouvelle !

FRÈRE JEAN

Va chercher Naraïl ! Il faut qu'on lui révèle...

EPISTÉMON, *se ressaisissant.*

Naraïl est bien loin. Il est parti sur l'eau
Pour gagner, au milieu de la Loire, un îlot
Où Thisbé rêve encor dans les bras de Pyrame.

FRÈRE JEAN

Tu crois qu'ils sont allés là-bas ?

EPISTÉMON

A toutes rames.
Tu les as envoyés sous les grands arbres verts,
Tous les deux, regarder les feuilles à l'envers.
Ils ont dû se nicher dans un berceau de palmes.

FRÈRE JEAN

Ainsi toi, mon ami, tu conserves ton calme ?

EPISTÉMON, *essuyant une larme en cachette.*

Absolument !... d'ailleurs, je dois te remonter.
Prends garde ! Tu voudrais, dans ton honnêteté,
Dire aux trois jeunes gens la chose toute franche ;
Tu vas briser les nids, tu vas casser les branches !
Néole vient trop tard : plus de part au gâteau.
Elle aurait dû frapper quelques heures plus tôt.
Nous n'y pouvons plus rien, rien du tout. Pourquoi diable
Vient-elle quand la chose est irrémédiable ?

FRÈRE JEAN

Elle ne savait pas, le hasard a tout fait,
Un hasard imbécile et cruel.

EPISTÉMON

En effet !

Et que t'a-t-elle dit ?

FRÈRE JEAN

Mais... toute son histoire,
Son désespoir d'amour, sa marche expiatoire,
Et comment, sur sa route, elle reconnaissait
Les chants de Naraïl que tout le monde sait.
C'est bien la plus suave et charmante personne ;
Et son regard m'a remué.

EPISTÉMON

Je le soupçonne.

FRÈRE JEAN

Donne-moi des conseils.

EPISTÉMON

Y tiens-tu.

FRÈRE JEAN

Oui, j'y tiens.

EPISTÉMON

Si les yeux de Néole ont rencontré les tiens
Tu ne suivras pas mon conseil.

FRÈRE JEAN

Tu me proposes ?

EPISTÉMON

Il n'y a qu'un moyen d'accommoder les choses :
Laisse passer Néole, il est trop tard, vois-tu.

FRÈRE JEAN

Epistémon, tiens compte un peu de ma vertu.
Puis-je éloigner, quand le bonheur ici la guette...

EPISTÉMON

(Sceptique.)

Le bonheur ?... Mais celui de ta fille Muguette...

FRÈRE JEAN

Cette femme a marché conduite, par l'instinct,
Droit, tout droit vers son but.

EPISTÉMON, *ironique.*

Tiens, tu crois au destin ?

FRÈRE JEAN

Je ne puis lui cacher son but quand elle y touche.

EPISTÉMON

La vérité, mon frère, est une arme farouche.
Ne mens pas, mais tais-toi. Elle a fait son récit
Très vite, et tu n'en as retenu que ceci :
C'est qu'elle cherche un cloître. En as-tu fait construire ?
Non, n'est-ce pas ? Eh bien, tu devrais l'en instruire.
Dis-lui ce qu'est Thélème ; éloigne de nos toits
Le malheur qui pénètre avec elle.

FRÈRE JEAN

Ainsi, toi,
Toi, mon Epistémon si sincère, — que j'aime
Non pas comme un second mais un autre moi-même, —
Toi par qui le cerveau de nos enfants s'ouvrait,
Toi, frère, qui combats tout ce qui n'est pas vrai,
Tu peux, pour éloigner un malheur qu'on redoute,
Lui parler, sans broncher, de la sorte ?... J'en doute !
Enfin, prends la parole, au nom de frère Jean.

(Ironique à son tour.)

Dis-lui qu'à notre grand regret, faute d'argent,

Nous ne pouvons la recevoir. C'est un prétexte,
Un mensonge, mais tu ne tiens pas au vrai texte.
Justement, pour mentir j'étais très maladroit.
A propos, j'ai fait un mensonge à ton endroit ;
C'est toi le trésorier de Thélème...
Tu pleures ?

EPISTÉMON, *pleurant en effet.*

Oui ! nous ne semblons plus nous aimer. Tout à l'heure
Nous étions deux amis parfaits, toujours d'accord.
Néole, parmi nous, n'est pas admise encor
Que déjà, pour briser notre bonne harmonie,
L'un contre l'autre, nous manions l'ironie !
Laissons partir Néole ; il le faut, tu vois bien.
Notre bonheur à tous dans Thélème se tient.

FRÈRE JEAN

La voici qui s'avance. Allons, parle ; elle écoute.

(Néole reparaît.
Elle a pu voir, sans entendre, les deux amis discuter avec ardeur.)

Et l'envers de la feuille a des frissons plus beaux
Que les rideaux d'un lit cachant quatre sabots.

Et maintenant, ouvrez toutes grandes les cages.

(Quelques Thélémites passent à droite. Soudain partent, de ce côté, les piaillements des oiseaux qu'on lâche. Puis un silence.
Frère Jean, attendri, continue.)

Envolez-vous, petits oiseaux du vert bocage.
Chantez la liberté, vous que nous avons pris.
Depuis quelques instants vous en savez le prix.
Mais pour vous diriger, purs égreneurs de notes,
Ecoutez-moi, bouvreuils, pinsons, moineaux, linottes.

(Il désigne le fond.)

Voici le nord. La Loire y coule avec orgueil.

(Désignant l'opposé, puis trois côtés différents.)

Ici la fraîche Vienne... Azay, Chinon, Bourgueil.
Ces bourgs sont les trois pieds ; Thélème est la marmite
Avec ses six palais, sa forêt sans limites
Qui s'abandonne à vous en ce jour de gaîté.
Mais, je m'arrête ; ils s'envolent sans m'écouter.

(Rires.
A Naraïl et Muguette.)

Faites comme eux, tous deux.

NARAIL, *partant vers la gauche, où apparaît une barque fleurie, avec sa tente.*
(Muguette et Naraïl sortent à gauche.)

Nous fuyons loin des terres,

TOUS

En barque, en barque !

FRÈRE JEAN

C'est le départ pour Cythère !

(Quelques Thélémites, parmi lesquels Epistémon, sortent à gauche, derrière Muguette et Naraïl.)

NÉOLE

Vais-je pouvoir,
Avant de l'imiter, un instant le revoir ?
Resterai-je au couvent ?

FRÈRE JEAN, *prenant la parole, devant le mutisme d'Epistémon.*

Oui, si rien ne vous vexe
Dans ce fait qu'à Thélème on reçoit les deux sexes.

NÉOLE

Avant de me cloîtrer, le verrai-je une fois ?
Que je vivrais heureuse ici, pleine de foi !...
Vous ne répondez pas... vos règles l'interdisent ?...

FRÈRE JEAN

Du tout. Mais Naraïl, — il faut qu'on vous le dise, —
Est parti vers... une île aux mille coins ombreux
Où... les chrétiens, je crois, sont assez peu nombreux.
Il reviendra bientôt... C'est un moine intrépide !

EPISTÉMON, *bas, à frère Jean.*

Tes lèvres, à mentir font des progrès rapides.

FRÈRE JEAN, *bas, à Epistémon.*

C'est qu'il est une part de vérité dans ces
Propos.

EPISTÉMON

Bien faible !

FRÈRE JEAN

Hélas ! n'instruis pas mon procès.

(Haut.)

Mais il est tard, ma fille, et je vais vous conduire
Au palais.

NÉOLE

Au palais ?...

FRÈRE JEAN

Ah ! oui ; je dois vous dire
Qu'on... manque de cellule. A quoi bon, sans retour,
S'enfermer dans le fond d'un cloître, à double tour ?

NÉOLE

Les règles du couvent sont-elles moins austères ?

FRÈRE JEAN

Un peu.

NÉOLE, *inquiète.*

Est-ce quand même un pieux monastère
Où je pourrai prier ?

FRÈRE JEAN

Entre tous vos repas.
Mais vous voulez un cloître et nous n'en avons pas.

NÉOLE

Qu'importe si je puis, sans chercher d'autre voie,
Remercier le ciel du bonheur qu'il m'envoie.
La chapelle est ouverte à tous moments ?

FRÈRE JEAN, *avec audace.*

Elle a
Brûlé... comme un fêtu de paille.

(Etendant la main à droite.)

Elle était là...
Chacun, isolément, peut dire ses matines.

NÉOLE

Vous ne sonnez plus l'angelus ?

FRÈRE JEAN, *à part.*

Ah ! la mâtine.

(Haut.)

Hier soir, j'ai cassé la ficelle en tirant.

(Bas, à Epistémon.)

Je suis sur des charbons, comme feu saint Laurent.
Je mens. Je n'ose plus regarder les étoiles.

NÉOLE

Doit-on porter la bure, ou la robe de toile ?

FRÈRE JEAN

Mon Dieu, aucun costume ici n'est de rigueur.

NÉOLE

Les cheveux ?

FRÈRE JEAN

Gardez-les dans toute leur longueur.

NÉOLE

Sans reproche, vraiment, vos nonnes sont coquettes.
Mais vous vivez du fruit...

FRÈRE JEAN, *étourdiment.*

De la vigne... Heu ! des quêtes.

(embarrassé.)

C'est-à-dire que grâce à l'appui généreux
De... le nom m'échappe...

(A Epistémon.)

Ah ! que je suis malheureux !

NÉOLE

On prend le voile après...

FRÈRE JEAN, *avec aplomb.*

Quinze mois de service !

NÉOLE

Il faut être d'abord novice ?

FRÈRE JEAN, *qui n'y songeait aucunement.*

Ah ! — oui... novice.

FOUILLAUPOT, *venant de droite, à Epistémon.*

Pour vous, un cavalier vient d'apporter ce pli.

(Il remet le pli, et sort. Néole a fait quelques pas en arrière.)

8. — PHILOSOPHIE

Frère Jean, Epistémon

FRÈRE JEAN, *bas, à Epistémon qui dissimule le pli.*

Ce qui doit s'accomplir malgré tout s'accomplit.

EPISTÉMON, *bas.*

Conduis-la dans sa chambre, et blanchis tes pensées.

FRÈRE JEAN, *bas.*

Mon cher j'ai des frayeurs...

EPISTÉMON

Des frayeurs insensées.

FRÈRE JEAN

Alors, pourquoi cacher ce... royal parchemin ?

EPISTÉMON, *embarrassé.*

Oui, c'est le fils du roi...

FRÈRE JEAN

J'ai peur du lendemain.
Sans nommer le destin, mais pour être sincère,
Je dis que le fatal, ou mieux : le nécessaire,
S'impose même à ceux qui se croient libres.

EPISTÉMON, *peu convaincu.*

Bah !

FRÈRE JEAN

Et si le libre arbitre a perdu le combat
Qu'est-ce que ma devise, à présent, signifie ?

EPISTÉMON

Mon pauvre ami ! tu fais de la philosophie ?
Si tu tombes si bas, — je le dis en riant, —
C'est qu'à tes yeux un dieu se lève à l'orient.

FRÈRE JEAN

Tu me crois amoureux ?...
C'est vrai ! mais je résiste.

EPISTÉMON

Non ! ne résiste pas au fatal, s'il existe.
Et puis, c'est un moyen d'arranger tout.

FRÈRE JEAN

Oh ! je...

EPISTÉMON

Seulement, la chandelle est brûlante, à ce jeu.
Le libre papillon bientôt n'aura plus d'ailes.

FRÈRE JEAN

Le jeu vaut bien que l'on se brûle à la chandelle.

(Il rejoint Néole, au fond de la scène, et part avec elle à droite.)

RIDEAU

Sur les climatz de France occidentale.

MAROT.

DEUXIÈME ACTE

DEUXIÈME ACTE

Au bord de la Loire.

Une sorte de terre-plein et de portique sur le côté d'un temple grec. Ce temple, — qui occupe la gauche de la scène, — est la bibliothèque de Thélème.

Le terre-plein, de quelques pieds au-dessus du fleuve, est pavé en mosaïque.

Les colonnes du portique sont reliées par des tentures brodées dont les unes sont tombantes, et dont les autres, relevées, laissent passer des flots de lumière.

Temple, portique et terre-plein constituent un petit îlot qu'une élégante passerelle relie, à droite, second plan, au parc de Thélème.

Toujours à droite, premier plan, se trouve l'escalier d'un embarcadère et les poteaux d'attache des barques.

Et dans le fond, au-delà d'une petite anse dont on voit briller le sable, apparaissent les bains de Thélème.

Le fleuve de Loire, qui vient de gauche, s'étale, à droite, en aval, jusqu'à l'horizon, entre les verdoyantes splendeurs de la Touraine.

I. — LES BATELIERS

EPISTÉMON, *puis, invisibles,* UN BATELIER, *et son* PASSAGER

EPISTÉMON, *seul, allant et venant, un livre en main, traduisant à haute voix.*

« *Adieu, tristes échos de mes jours malheureux,*
Qui répondiez sans cesse à mes cris douloureux,
Brumes des flots, dont les grands vents mouillaient ma tête. »

UNE VOIX *(celle du passager), venant de droite.*

Monsieur, qui traduisez des vers de Philoctète,
Peut-on savoir de vous le nom de votre îlot,
De ce palais qui se renverse au fil de l'eau ?

EPISTÉMON, *venant s'appuyer à droite, sur une rampe, et regardant du côté du fleuve.*

Oui, bateliers. A votre accent, je le devine,
Vous fuyez les douceurs de la côte angevine.

Sachez donc, mes amis, que vous voici devant
Une immense et splendide abbaye, un couvent.
Ce temple grec, dans cette aimable solitude,
C'est la bibliothèque et la salle d'étude.
Mais, dans quelques instants serez-vous de retour ?

LA VOIX

Oh ! non. Nous coucherons dans la ville de Tours.

LE BATELIER, *invisible également.*

Le seigneur du Bellay (1), mon maître, que j'emmène,
Doit prendre son essor vers la côte romaine
Et, par delà les monts, de relais en relais,
Laisser bien loin derrière lui ces beaux palais.

EPISTÉMON

Du bateau, que les flots de la Loire soulèvent,
Vous eussiez aperçu nos chers petits élèves.

LA VOIX

Qui donc leur fait l'école, est-ce vous, bon vieillard ?

EPISTÉMON

Oui, je combats l'erreur, je chasse le brouillard,
Et de telles manière et matière et méthode
Que tous deux l'iriez dire à Rome, au saint synode (2).
Mais je vous laisse, amis, j'entends mes écoliers.

(On entend à droite, dans le fond, des cris d'enfants.)

LA VOIX

Au revoir, bon vieillard.

EPISTÉMON

Au revoir, bateliers.

(Il va pour sortir par la passerelle.)

2. — LES DIFFICULTÉS

FRÈRE JEAN, EPISTÉMON

FRÈRE JEAN, *ramenant Epistémon en scène.*

Non, ne t'éloigne pas : il faut que je m'épanche.
Soutiens mon pauvre cœur, qui va tomber, qui penche,
Qui s'amuse sans cesse à briser ses arceaux.

EPISTÉMON, *sans grande inquiétude.*

Te soutenir ? Je dois continuer l'assaut :
Le fils du roi, mon très reconnaissant élève,
M'annonce qu'une armée innombrable se lève
Contre Thélème au nom de l'ordre et de la Foi !
Le pape nous excommunie une autre fois ;
Par vingt mille guerriers il fait porter sa bulle.
Nous répondrons sitôt fini le préambule.

FRÈRE JEAN, *plus inquiet.*

Hélas !

EPISTÉMON, *ironique.*

Allons ! vieux moine, es-tu moins brave ? non !
D'ailleurs, avant d'avoir entendu nos canons,
Avant d'avoir senti la poudre de nos soutes,
Les troupes des soudards cent fois seront dissoutes.
Fleuve au nord ! Des rochers au sud ! Pas de chemins !
Un enfant suffirait à pousser de la main
Quelques blocs en travers des sentes muletières
Pour broyer de primsault des légions entières.
Nous avons des fossés, des forêts, des remparts
Du haut desquels nous lâcherons nos léopards.
A sauvage, sauvage et demi ; la famine,
Depuis la nuit dernière allonge leurs canines...
— Songeons donc au présent.

FRÈRE JEAN

Le présent, tel qu'il est,
Me condamne à venir pleurer dans ton gilet.
J'ai vu Néole : un marbre, une autre Galathée.
En vain je cherche à l'animer. Dès la pointée
Du jour, j'ai fait appel à mon meilleur esprit
Pour lui parler amour... Elle n'a pas compris !
Tu m'as dit que c'était la meilleure manière
De sortir notre char embourbé de l'ornière ;
Muguette était heureuse, et... je l'étais aussi.
Naraïl s'inclinait... Je n'ai pas réussi !
C'est tout un vieux passé de moine que j'immole,
N'empêche que je fais des trous en terre molle.
Néole serait-elle un ange de vertu ?
Ne sais-je plus m'y prendre ?

EPISTÉMON

Oh ! que si !

FRÈRE JEAN

Qu'en sais-tu ?
Cela s'explique, hélas ! Lorsque je devins moine
Je dus faire abandon de tout mon... patrimoine.
Le feu brûlant de mes désirs étant éteint
Mes discours ont manqué de flamme, — il est certain.

EPISTÉMON

Non ! Le grand Abélard...

FRÈRE JEAN

Que prouve un parallèle ?
Quand le venin est mort, la bête bat de l'aile.
Moi qui suis si bavard, — dis, tu t'en aperçois, —
Je lui tiens le parler le plus pauvre qui soit.
Je suis sans gouvernail, sur la mer agitée,
Ou mieux, — passe le mot, — sans aiguille aimantée.
A quoi bon de l'esprit à remplir un placard
Si je m'en sers à la façon d'un sot-cocquart,
Et si cet esprit-là, — détalant pour ma perte
Dès qu'à mes yeux revient filer la reine Berthe, —
Laisse le vieux Renart dans la peau d'Ysengrin.

EPISTÉMON

Qu'admires-tu le plus ?

FRÈRE JEAN

Tout ! jusqu'à son chagrin...

Sa voix, ses yeux profonds, ses blanches mains de cire...
C'est bien simple, mon cher ami : je la désire
Parce qu'elle ne laisse rien à désirer.

EPISTÉMON

Eh bien ! dis-lui cela !

FRÈRE JEAN

Las !... je m'embrouillerai.
Mon volcan, — qui semblait dormir, et se réveille, —
N'ose plus érupter au milieu des merveilles.
J'ai ma raison d'aimer, cependant : je défends,
— Comme toujours — le cher bonheur de mon enfant.
Mais ce calcul de père éteint un peu ma flamme.
Et puis, j'ai presque peur d'aimer trop cette femme
Et, par suite, de moins aimer Muguette, à qui
Je voudrais conserver un cœur...

EPISTÉMON

Vraiment exquis !

FRÈRE JEAN

Je suis un pauvre diable affrontant un pauvre ange.
Mais c'est en vain, car, tu le vois, rien ne s'arrange.

EPISTÉMON

C'est regrettable.

FRÈRE JEAN

Et puis... Sais-tu le gros péril ?

EPISTÉMON

Non.

FRÈRE JEAN

Muguette et Néole, auprès de Naraïl,
Vont lutter jusqu'au bout, — je connais les deux dames, —
De générosité, d'honneur, de grandeur d'âme.
C'est leur vertu que je redoute. Elles font fi
De leur plaisir, de leur bonheur, de leur profit.

EPISTÉMON

Oui, je connais Muguette, et je tremble pour elle.
Je connais sa vertu, sa bonté naturelle,
Et son amour du vrai qui prime tout.

FRÈRE JEAN

D'accord.
Eh bien ! mon cher, Néole a plus grand cœur encor !

EPISTÉMON

Balances d'amoureux sont fausses.

FRÈRE JEAN

Je te jure...

EPISTÉMON

C'est pour ta fille, moi, que je tiendrais gageure.
Elle puise sa force en elle seulement,
Sans obéir aux dieux, sans peur de jugement.
Sa vertu, c'est la tienne, — une épaisse cuirasse. —
Sais-tu le gros péril ? C'est qu'elle est de ta race.
Vous êtes trois à redouter.

FRÈRE JEAN

Tu me fais peur !

EPISTÉMON

Mais nous devons plutôt dissiper ces vapeurs.
Le bonheur est dans la vertu ; les Tusculanes
Le disent. Ne vends pas la charrette...

FRÈRE JEAN, *achevant le dicton irrévérencieux.*

Avant l'âne.

EPISTÉMON

Offre à nouveau ton cœur à Néole. Choisis
La couleur de tes mots ; mets les points sur les *I*.

FRÈRE JEAN

Néole ne comprendra pas ; je suis tranquille.

EPISTÉMON

Mais surveille en causant l'abord de la presqu'île.
Naraïl et Muguette apparaîtront bientôt.
Ils peuvent amarrer leur barque à ce poteau.
Tiens-toi là, pendant que ton bon cœur extravague,
Et fais rentrer Néole au moindre bruit des vagues.
Moi qui vis sans amour, et que l'âge assagit,
J'ai pensé longuement à l'affaire. Il s'agit

De ne point se presser, d'éviter les bévues,
De savamment régler toutes les entrevues,
De nous revoir après chacune, et d'aviser.

FRÈRE JEAN

C'est vrai !

EPISTÉMON

Je crois qu'il est prudent, ceci posé,
Si ton deuxième assaut n'aboutit pas, qu'on fasse
Ici se rencontrer tout d'abord, face à face,
Les deux femmes, Néole et Muguette. Elles ont
Le même amour au cœur et les mêmes raisons
De rendre Naraïl heureux. Leur bonne entente
Pourrait aussi tout arranger.

FRÈRE JEAN

Eh bien, qu'on tente.
Je préviendrai Néole ; à toi de prévenir
Muguette sans tarder.
Oh ! je la vois venir.

EPISTÉMON

Là, ne t'affole pas.

FRÈRE JEAN

Mais si, si, je m'affole !
Emmène-les avant que n'arrive Néole !...
Retiens Muguette assez longtemps pour...

EPISTÉMON

Ne crains rien.

(Ils approchent du bord pour recevoir Muguette et Naraïl arrivant par le fleuve, de droite.)

3. — LE RETOUR DE CYTHÈRE

FRÈRE JEAN, EPISTÉMON, NARAIL, MUGUETTE

EPISTÉMON, *aux deux jeunes gens.*

Bon retour, matelots.

MUGUETTE

Bonheur à vous, terriens !

EPISTÉMON

Les bons vents sont pour vous ; comme ils gonflent la toile !

NARAIL

Depuis hier, les flots, la nuit et les étoiles,
Les arbres et les fleurs, les vents, tout est pour nous.

MUGUETTE

C'est pourquoi nous avons, sans nous mettre à genoux.
Remercié Nature.

(A Naraïl qui vient d'attacher le bateau, et qui a sauté sur le bord.)

Aide-moi !

NARAIL, *à Muguette qui saute à son tour.*

Le pied ferme !

(Echange d'amitiés.)

EPISTÉMON, *à Naraïl.*

Maintenant, Naraïl, venez qu'on vous enferme.
Frère Jean vous a fait l'un de l'autre cadeau ;
Vous vous êtes donnés l'un à l'autre, à fleur d'eau ;

NARAIL

Depuis hier, les flots, la nuit et les étoiles,
Les arbres et les fleurs, le vent, tout est pour nous.

(A. II, Sc. 3)

Payez-nous de retour. Ces chansons que vous fîtes,
Il faut que nos petits de Thélème en profitent.
Mettez-vous au travail pour mes chers écoliers,
Donnez-moi tous ces chants qui vous sont familiers.

NARAIL, *peu pressé de quitter Muguette.*

Oui. Mais faut-il, dans des circonstances pareilles,..

EPISTÉMON

Oh ! votre amour est moins pressé que nos oreilles.

NARAIL

Abandonner déjà ma femme ?

EPISTÉMON

Justement
J'ai besoin de parler à Muguette, un moment.

NARAIL

Eh bien ! enfermez-moi dans la cité des livres.
Mais fermez bien !

EPISTÉMON

Dans un instant je vous délivre.

(Epistémon ouvre la grande porte de la bibliothèque ; l'intérieur apparaît avec ses murailles de livres, ses in-folios, ses rouleaux entassés.)

NARAIL, *sur le seuil de la bibliothèque.*

Ma petite Muguette, allons, viens m'embrasser !

(Ils s'embrassent. (3)
Naraïl entre. Epistémon l'enferme à clef.
Muguette essuie une larme.)

MUGUETTE, *très seule.*

Quand même, Epistémon, vous êtes bien pressé !
Cette première absence est cruelle... Il me semble
Que nous ne serons plus jamais, jamais ensemble !...
Pourtant, si quelque empêchement s'était produit
Vous m'auriez prévenue hier,... pas aujourd'hui.

(A frère Jean qui songe tristement.)

Mais rassurez-moi donc !

FRÈRE JEAN, *la serrant dans ses bras.*

Eh ! oui, je te rassure...

MUGUETTE

Apprenez-moi bien vite...

EPISTÉMON

Une vieille blessure
S'ouvre et saigne à nouveau ; de là tout mon émoi.
Mais on peut la guérir.

MUGUETTE

Expliquez-vous !

ÉPISTÉMON

Suis-moi.

FRÈRE JEAN, *bas, à Epistémon.*

Tandis que Naraïl est à son écritoire
Laisse-moi tout le temps de gagner ma victoire ;
Elle approche !...

EPISTÈMON, *sceptique.*

Courage !

(Il sort, emmenant Muguette.
Néole paraît.
Les deux femmes se sont croisées et regardées.)

4. — LES VÉRITÉS

FRÈRE JEAN, NÉOLE

FRÈRE JEAN

Avancez, mon enfant.

NÉOLE

Que ce rivage est doux, sous un ciel étouffant !

FRÈRE JEAN, *banal.*

Il fait chaud...

NÉOLE

Oui.

FRÈRE JEAN, *de même.*

Très chaud...

NÉOLE

Moins, auprès du grand fleuve.
Mais on peut redouter un orage...

FRÈRE JEAN

Et... qu'il pleuve.

NÉOLE

Et vos splendeurs en souffriraient.

FRÈRE JEAN, *qui retrouve un peu d'éloquence pour parler de Thélème.*

Je garantis
Qu'en rêve on ne voit pas de palais mieux bâtis !

NÉOLE

Oh ! le séjour est plein de charmes, et vous faites
Si bien que sur mes pas la nature est en fête ;
Et je n'explique pas mon noir pressentiment.
Sous les bosquets, je crois entendre à tout moment
Des concerts merveilleux, parmi les bruits d'abeilles.
Ici, la nappe est mise, et de pleines corbeilles
De fruits dorés semblent passer de mains en mains.
Là, de pures beautés chantent par les chemins,
Quand d'autres vont plus loin s'étendre avec paresse.
Mais, devant moi, toutes ces formes disparaissent,
Pour me laisser jouir seule du merveilleux.
L'homme semble s'enfuir comme une ombre à mes yeux ;
La nymphe, dans les bois, vite se réfugie.
Est-ce l'illusion, mon père, ou la magie ?

FRÈRE JEAN, *à part.*

Elle prend bien cela.

NÉOLE

Dans ce séjour divin
Je voudrais donc aussi me plaire ; c'est en vain,
Car je ressens toujours en moi le même trouble.
Le dirai-je ? ma crainte, indomptable, redouble.

FRÈRE JEAN, *se lançant petit à petit.*

Laissez-là ces propos. Voyons, ne bâtissons
Jamais nos désespoirs sur de simples soupçons...
Vous voyez devant vous un bonheur qui s'éloigne ?
C'est fort bien ! attendez qu'un autre vous rejoigne,,,
Et puis, qu'appelez-vous le bonheur ?... Il en est
Qui savent bien répondre à cela, — j'en connais !
Le bonheur, — disent-ils à qui veut les entendre, —
C'est quelque chose de très simple et de très tendre,
La rencontre des cœurs délicats et subtils ;
Le bonheur, c'est l'amour, croyez-moi !... — disent-ils !
C'est près d'un guide aimé, suivre en paix, confiante,
Dans l'infiniment bleu, la route souriante.
C'est se croire plus libre, en étant asservi ;
C'est s'ouvrir à la vie, être bons à l'envi.
C'est la félicité sans retrait ni coupure...
Vous ne connaissez plus cet amour, âme pure ;
Si vous le connaissiez je serais mieux compris.
Il faut goûter son miel pour en savoir le prix,
Pour distinguer l'éclat de ces trois mots : « on m'aime »
Et leur musique et leur parfum. J'ai dû moi-même
Attendre bien longtemps, jusqu'à... jusqu'à ce jour,

Pour connaître... connaître...

(Il est trop bien lancé, il fait mille efforts pour s'arrêter.)

connaître...

NÉOLE, *achevant.*

L'Amour !

FRÈRE JEAN, *soulagé.*

Eh ! oui. Voici l'aveu... vous m'aidez à le faire...
J'avais grand'peur... C'est fait maintenant ; — je préfère.
Je suis fou, n'est-ce pas, archi-fou, même, archi !
Dites que je suis fou ! mais le pas est franchi.

NÉOLE

Pouvez-vous donc vous marier, au monastère ?

FRÈRE JEAN

Oui !... quelques-uns, du moins,...

(A part.)

Tous les célibataires.

(Haut.)

Moi, je suis de ceux-là.

NÉOLE

Naraïl...

FRÈRE JEAN

N'en est pas.
Mais, dites-moi, — c'est à vous de franchir le pas, —
Puis-je espérer un jour que tu... que vous... qu'on aime ?

NÉOLE

Celle que vous aimez doit répondre elle-même.
Parlez-lui ; son cœur vous sera vite connu.

FRÈRE JEAN, *à part.*

Elle n'a pas compris encor ! Diable cornu !

(Haut.)

Mais je vous parle à vous ! Le bonheur ne demande
Qu'à vous servir en même temps. Soyez gourmande !
Si Naraïl vous dit : « Aime, cherche un soutien ! »
S'il dit : « choisis un bras pour y poser le tien ! »
A mes conseils vous verra-t-on plus attentive ?
Que ferez-vous alors ? et, dans l'alternative,
Saurez-vous bien choisir entre les envieux ?
Prendrez-vous forcément un jeune ?... Il est des vieux...

NÉOLE

L'alternative n'est jamais qu'une apparence.
Le destin ne tient pas compte des préférences.
L'homme suit son chemin tandis qu'il croit choisir
Et le destin est là, qui règle nos désirs.

FRÈRE JEAN

Non, non. Le voyageur a toujours la ressource,
Quand l'eau ne lui plaît pas, d'abandonner la source ;
D'aller ailleurs, tout en faisant choix du sentier.
Choisissez donc un cœur capable d'amitié.
Faites, par des aveux, se confondre vos âmes.
Vous l'ignorez ; mais le « je t'aime » est un sésame
Ouvrant les cœurs enclos, la grotte, où furent mis
Pour les amants parfaits des plaisirs infinis.

NÉOLE

Quand la nuit a fermé les fleurs, nulle parole
Magique n'en pourrait déclore les corolles.

FRÈRE JEAN, *avec amertume.*

Vous m'avez dit, hier, — espoir vite décrû, —
Que le bonheur etait ici.

NÉOLE

Je l'avais cru.
Aujourd'hui je redoute encor les vents contraires.
Mais de mon vœu sacré rien ne peut me distraire.
Quand Naraïl, pour moi, se donne à Dieu, comment
Pourrais-je, près de lui, me conduire autrement ?

FRÈRE JEAN

Donc, vous voulez, sur lui, régler votre conduite ?
Quand vous verrez à quoi vous en êtes réduite
Resterez-vous du même avis ? j'en doute, hélas !

NÉOLE

De grâce, expliquez-vous.

FRÈRE JEAN, *avec effort et précaution.*

Oui, je m'explique :
Las
De vous chercher sans trêve, entre l'île natale,
Le Nord, et les confins de France occidentale,
D'écouter les échos sans jamais rien savoir,
Naraïl a perdu l'espoir de vous revoir.
Il a donc, — la chose est permise aux Thélémites,
(Et c'est ici qu'il est bien digne qu'on l'imite),
Il a, — pressé par tous les bons moines, il a,
— Peut-être qu'après tout vous comprendrez cela, —
Il a, dis-je, obéi, — comme l'eut fait un autre, —
A nos conseils, car son bonheur était le nôtre.

NÉOLE

Je ne puis vous comprendre, et ces précautions...

FRÈRE JEAN

Ne pouvant plus vous... consacrer... sa passion
Il a trouvé chez nous quelqu'un... qui vous ressemble...
Une femme... et tous deux, ici, vivent ensemble !

NÉOLE

Ils se sont mariés ! ai-je bien entendu ?

FRÈRE JEAN

Hier même. Il a donc très longtemps attendu.
Mais nul n'espérait plus ; et la faute, en partie,
Doit retomber sur moi.

NÉOLE

Non, sur Dieu qui châtie !
Mais quand vous me disiez qu'il était...

FRÈRE JEAN, *baissant la tête.*

Je n'ai pas
Eté toujours très franc, hier... *mea culpa* !
Le cœur de Naraïl n'étant plus... disponible
Je voulais arrondir tous les angles pénibles.

NÉOLE

Ma chère illusion est bien morte, à présent !

FRÈRE JEAN

J'aurais pu vous laisser passer, en me taisant ;
Je vous devais la vérité. Si, pour la dire,
J'ai pris trop de chemins, n'allez pas me maudire.

NÉOLE

Maudire ? Il me faudrait maudire terre et cieux.

FRÈRE JEAN

Et puis, je caressais l'espoir délicieux
D'être pour vous celui qui console et qu'on aime.

NÉOLE

Ce soir, je serai loin de vous, loin de Thélème,
Et loin des deux amants qu'il ne faut pas troubler.

FRÈRE JEAN

Quoi, vous pourriez partir ?

NÉOLE

Pour ne plus ressembler
A celle qui ne juge pas indigne d'elle
D'occuper quelque place en un cœur infidèle.

FRÈRE JEAN, *avec bonté.*

Si vous la connaissiez, vous l'aimeriez aussi.

NÉOLE

O Naraïl ! ma place alors n'est plus ici.
Si ta femme est si bonne, elle doit être aimée.
Ton amour ancien n'est plus qu'une fumée

Auprès du feu brûlant de ton nouvel amour.
Aimez-vous donc ce soir, demain, longtemps, toujours.
Vous ne me verrez point. Soyez heureux. Pour être
Seule à souffrir je dois me garder de paraître,
Et je ne veux, à nul moment, et nulle part,
Apercevoir celui que j'aimais tant. Je pars.
Et vous, mon père, qui me portiez quelque estime,
Promettez, pour ne faire aucune autre victime,
Quand le bonheur est si difficile et douteux,
De ne jamais parler de moi...

FRÈRE JEAN

Mais...

NÉOLE, *achevant.*

Devant eux.

FRÈRE JEAN

Madame, il est trop tard ; Muguette est avisée.

NÉOLE

Muguette ?

FRÈRE JEAN

C'est le nom de la jeune épousée.
Ainsi donc, s'opposer au courant serait vain.
Nous nous arrêterons tous au fond du ravin.
Muguette va venir.

NÉOLE

Oh ! je pars au plus vite !
Ce sont d'autres malheurs, en fuyant, que j'évite.
Je ne veux pas la voir.

FRÈRE JEAN

Vous le devez, pourtant,
Ne serait-ce que pour la prier, en partant,
De toujours taire à Naraïl votre passage.

NÉOLE

Non, non. Je la devine assez tendre, assez sage...

FRÈRE JEAN

Vous ne la devinez, je crois, ni prou ni peu.
Naraïl est ici ; dès ce soir elle peut
L'amener devant vous.

NÉOLE

Si je pars tout de suite ?

FRÈRE JEAN

Tous deux, bientôt, se mettraient à votre poursuite.
Je ne puis empêcher...

NÉOLE

Mon père, il faut pouvoir.
Je vous le dis encor, je ne veux pas la voir.
S'ils marchent sur mes pas, par charité chrétienne
Et pour votre bonheur à tous, qu'on les retienne !
L'affreux malheur est avec moi. Raisonnez-les !
Qu'ils s'aiment très longtemps, au sein de ces palais.
Mon père, adieu !

5. — LE SACRIFICE

FRÈRE JEAN, NÉOLE, MUGUETTE

MUGUETTE

(Elle est là depuis quelques instants. Elle est restée, au fond, près de la passerelle, sans être vue de Jean ni de Néole.
Faisant un pas en avant.)

Celle qui doit, sans artifice,
En s'éloignant d'ici faire le sacrifice
De son amour, de son espoir, de ses plaisirs ;
Celle qui doit, sans hésiter ni sans choisir,
Repasser au plus tôt sur cette passerelle
Et donner du bonheur sans en garder pour elle ;
Celle qui doit quitter Thélème à tout jamais,
Celle qui partira bientôt, je le promets,
C'est moi !

NÉOLE

Qu'avez-vous dit !

FRÈRE JEAN, *reculant.*

Muguette, ma chérie !
Ah ! tout cela n'est qu'une affreuse rêverie
Qui jusqu'ici, — mais c'est fini, — nous affligea !

MUGUETTE

Madame, le temps fuit. Je vous ai pris déjà
Beaucoup trop pour vouloir insister davantage.
L'amour de Naraïl vous est dû sans partage ;
Et j'admire en tremblant ce pouvoir inconnu
Qui vous mène au pays où lui-même est venu.

Contre un pouvoir semblable, insensé qui s'obstine.
Retrouvez donc celui que l'amour vous destine.

Pour moi, je reste fière après mon abandon.
Je ne crois pas devoir vous demander pardon.
Naraïl vous dira, si cela vous importe,
Comment le cœur de l'un à l'autre ouvrit ses portes.
Je l'aimais tant et tant que j'ai fait son malheur.

(Elle fond en sanglots.)

Ah ! si !... pardonnez-moi ! Dans ma sombre douleur
Il n'est plus de fierté possible. Je m'accuse !
Pardonnez-moi, car ma faiblesse est sans excuse.
Naraïl vous pleurait et j'en ai pris pitié ;
Il trouvait un refuge au sein de l'amitié.
Vaincre son désespoir fut mon unique tâche.
Et pour cela, je parlais de vous sans relâche.
Quand mon amour naissait, pleine de repentir
Je disais : « Naraïl, il est temps de partir.
Cherchez et retrouvez Néole, votre femme. »
Loin de lui, j'arrivais à guérir ma pauvre âme.
Mais, quand il revenait plus seul et plus déçu,
Mon amour, malgré moi, reprenait le dessus.
D'ailleurs, tous me disaient d'aimer celui qui m'aime.
J'aurais dû résister à tous, comme à moi-même.
Pardonnez, pauvre sœur.

NÉOLE

La faute est au destin,

FRÈRE JEAN

C'est lui qui, loin de nous, trop longtemps vous retint.

NÉOLE

Pour peu que le bonheur sur cette terre vaille
C'est pour vous, contre moi, que le destin travaille.
Or, — vous nous l'avez dit, — nul ne doit s'opposer
A semblable pouvoir. Vous avez épousé
Naraïl. Je reviens lorsque son âme est prise.
Vous l'aimez ; il vous aime ; et, s'il vous a comprise,
Il ne peut être heureux qu'avec vous.

MUGUETTE

Son amour
Qui s'épanchait vers moi vous est acquis toujours.

FRÈRE JEAN

Cette affirmation ne vaut que si tu prouves.

MUGUETTE

Quand nous parlons de vous, chaque jour il éprouve
La même émotion. Les jours, les ans, les mois
N'ont pas changé son cœur. C'est vous qu'il aime en moi.
Il cherche dans ma voix votre voix caressante ;
Et vous étiez pour nous comme une amie absente
Qui lui manquait encor quand j'étais près de lui.
Si mon bonheur comme un rapide éclair a lui,
Je ne m'en plaindrai pas si le sien continue.
Comme si j'attendais un jour votre venue,
Je l'ai toujours nourri de votre souvenir.
Vous voici revenue ; il va vous revenir,
Tel qu'autrefois, et si plein de votre pensée
Que vous me jugerez bien désintéressée.
Je vous dis donc : restez, car nous vous attendons.

NÉOLE

Certes, vous n'avez pas besoin de mon pardon.
Je vous admire ! Il faut, pour parler de la sorte,
Que votre passion soit bien faible ou bien forte.
Vivre avec vous doit être un grand bonheur ; aussi
J'approuve Naraïl ; son bonheur est ici,
Je sais à quel grand cœur son amour s'abandonne.
Non, non, vous n'avez pas besoin qu'on vous pardonne.
Laissez-moi m'éloigner sous ces belles forêts,
Et ne le quittez pas, car il vous pleurerait.

MUGUETTE

Si je restais, c'est vous qu'il pleurerait sans cesse.
Et puis il me faudrait, sans souci des bassesses,
Ou me taire ou mentir, sans avouer jamais
Que vous êtes venue et que je vous connais.

Non ! je dois différer quand les destins diffèrent.
Ce soir, tout se fera comme tout doit se faire.

NÉOLE

Attendez le conseil de la nuit.

MUGUETTE

Non. Demain
Naraïl ne pourra plus me donner la main.

FRÈRE JEAN

Tu ne peux pas quitter Thélème ainsi, ma fille.
Tu dois rester au sein de ta seule famille.
Quitter les tiens ? Voyons ? peux-tu bien y songer ?
Et d'ailleurs, ton départ nous met tous en danger.
Si l'on nous attaquait, — tu sais qu'on nous menace, —
Comment, lorsque je suis moins vaillant, moins tenace,
Pourrai-je...

NÉOLE

Et je ne puis, du reste, y consentir.

FRÈRE JEAN, *à Muguette, faisant un pas vers la bibliothèque.*

Naraïl saura bien t'empêcher de partir.

MUGUETTE, *retenant Frère Jean.*

Je lui dirais, cachant une douleur trop vive :
« Laisse-moi m'en aller si tu veux que je vive ! »
(A Néole.)
Vous déciderez donc. Si vous restez, j'irai
Dans le servage attendre un trépas espéré.
Et si ma mort est nécessaire, ah ! que je meure
Pour que Néole auprès de Naraïl demeure !
C'est donc à vous, ma sœur, que cette nuit d'été
Va donner le conseil très sage de rester.

NÉOLE, *à frère Jean.*

Hélas ! où vous voudrez je vous suivrai, mon père.

FRÈRE JEAN, *à part.*

Où je veux ?... C'est trop tard ! Je tremble et désespère.
L'amour n'était venu se mettre sous mon nez
Que pour mieux me tourner le dos.
(A Néole.)
Allons, venez.

(Il sort, suivi de Néole.)

6. — LE DÉPART DE MUGUETTE

EPISTÉMON, MUGUETTE, NARAIL

MUGUETTE, *à frère Jean, qui s'éloigne.*

Mais, la clef, frère Jean ?

EPISTÉMON, *entrant.*

La clef, je te l'apporte.

(Il ouvre. Les trésors de la bibliothèque apparaissent à nouveau. Naraïl paraît.)

NARAIL

Ah ! — comme tu fais bien de m'ouvrir cette porte !

(A Epistémon, lui donnant des manuscrits.)

Ami, voici pour vous.

(A Muguette.)

Et toi geôlier charmant,
Conduis-moi au grand air, où tu voudras.

MUGUETTE

Vraiment ?
Eh bien, écoute un peu. Je voudrais, ce soir même,
Aller revoir, — tu m'approuveras, si tu m'aimes, —
L'endroit où je t'ai vu pour la première fois.

NARAIL

Le couvent de Seuilly ? Mais tu n'as plus la foi.
Tout le couvent nous chassera, nous, les profanes.
Attends, comme l'oiseau, que le feuillu se fane.

MUGUETTE

Plus d'un ami voudra nous recevoir.

NARAIL, *sceptique.*

Plus d'un !

MUGUETTE

Nous prendrons à Chinon le coche de Loudun.

NARAIL

Oui, mais tu conviendras, quand, je t'aurai suivie,
Que les souvenirs font la moitié de ta vie.

MUGUETTE

C'est ma sagesse, à moi. Les doux souvenirs sont
Si précieux que j'en ai fait une moisson.
Dois-je te l'avouer ? Grâce à ce... stratagème
Quand le destin me reprendra celui que j'aime
J'aurai toujours pour moi ces tendres souvenirs.

NARAIL

Qui peut nous séparer ?

MUGUETTE

Elle peut revenir !

NARAIL, *pour couper court à cette idée.*

Tiens, partons à Seuilly ! Viens-tu ?

(Il s'engage sur la passerelle.)

EPISTÉMON, *bas, à Muguette.*

Que vas-tu faire ?

MUGUETTE, *serrant la main d'Epistémon.*

Ce que je dois !

(Elle suit Naraïl.)

EPISTÉMON, *à part.*

Pauvre Muguette !

MUGUETTE, *au loin, gaîment, à Epistémon.*

Adieu ! mon frère !

RIDEAU

Avant ton soir se clorra ta journée.

RONSARD.

TROISIÈME ACTE

TROISIÈME ACTE

A gauche, une hôtellerie-taverne, avec porte-cochère.
Au premier étage de cette hôtellerie, et en premier plan, une porte-fenêtre ouvre sur un petit palier. Un escalier de bois descend, de ce palier, sur la place. Le mur de cette maison est, tout à fait sur la gauche, creusé d'une niche où se trouve une vierge peinte.
Au fond, sorte de hangar, dépendant de la taverne. Sous ce hangar, tonneaux, pressoir.
Sur la place devant la taverne, escabeaux et tables de buveurs.

Au lever du rideau, les paysans sortent de la taverne, et font mine de s'installer dehors.

I. — LA TAVERNE

LE TAVERNIER *vieillard*, PAYSANS, PAYSANNES, VIGNERONS, *une* SERVANTE

LE TAVERNIER, *tandis que sonnent les derniers coups de minuit, faisant sortir ses clients.*

Neuf... dix... onze... minuit ! Les douze coups sonnés
Mon devoir est de vous fermer la porte au nez.
Je n'attends pas que le veilleur fasse une ronde.
Desvallez, chopinards, ribaudes et girondes.
Pour embourser trois sols, vais-je, ô poupin minois,
Risquer un bon procès de vingt livres tournois ?

UN PAYSAN, *s'attablant devant la taverne.*

Verse encore un setier de blanc.

LE TAVERNIER

Ni blanc ni rouge.

(Il rentre un moment.)

LA SERVANTE, *aux gens attablés, bas.*

Voulez-vous le fin mot du mot ?

LE PAYSAN

Oui dà, la gouge.

LA SERVANTE, *désignant la fenêtre à balcon.*

Nous avons là quelque blondinette au repos
Qui pourrait s'éveiller quand vous choquez les pots.

LE PAYSAN

Eh bien, plus qu'un seul coup, et sans vous chercher noise,
Nous nous paillarderons... Est-ce une chinonnoise ?

LA SERVANTE

Ni Chinonnoise, ni Tourangelle, ni...

(S'interrompant, en voyant réapparaître le tavernier.)

LE PAYSAN

Ni ?

LE TAVERNIER

Serve, bavarde serve, as-tu bientôt fini ?

LA SERVANTE

Bientôt...

(Bas.)

Elle est, je crois, de Thélème.

LE PAYSAN, *effrayé.*

Oh ! ma chère !
Laissez, que je m'en aille arpenter les jachères !
Si Thélème pénètre à Chinon, moi, j'en sors.
J'ai peur des revenants et des jeteux de sorts.

LA SERVANTE

Trembleur !

LE PAYSAN

Ils me pendraient dans la fourche d'un chêne.

LA SERVANTE, *narquoise.*

Prenez garde de choir en enjambant les chaînes.

VOIX DU VEILLEUR, *au loin,*

Il est minuit !
Rentrez sans bruit !
Il est minuit !

LE TAVERNIER, *énergique.*

Partez ! le veilleur passe au quarroy de Thibault
Le Tricheur.

(Au paysan.)

Que fais-tu ?

LE PAYSAN

J'enlève mes sabots.
Puisse bientôt le coq chanter son « cot codiche » (1) !

(Passant devant la niche à saint.)

Vierge, protège-nous !

LA SERVANTE

Bonsoir Bénêt-Godiche !

(On se disperse. La servante rentre, puis le tavernier.)

VOIX DU VEILLEUR, *plus près.*

Il est minuit !
Rentrez sans bruit !
Il est minuit !

(Le veilleur apparaît.
Le paysan, avant de partir à droite, explore, pendant la scène suivante, les rues qui débouchent sur la petite place.)

2. — LE VEILLEUR DE NUIT

LE VEILLEUR, LE TAVERNIER, LE PAYSAN, *allant et venant.*

LE TAVERNIER, *apparaissant à une fenêtre ouverte, au premier étage, au veilleur qui décroche les chaînes.*

Rêves-tu pas, veilleur ? Pourquoi donc décrocher
Si tôt les chaînes ?

LE VEILLEUR, *approchant, mystérieux.*

Chut !... Bientôt deux mille archers,
Cent vingt canons roulants, coulevrines, bombardes,
Des milices traînant fourreaux et hallebardes,
Vont traverser Chinon.

LE TAVERNIER

Où vont-ils ?

LE VEILLEUR

Je ne sais,
Mais semblable croisade est sûre du succès...

LE TAVERNIER

Sûre de rien.

LE VEILLEUR

Car ce n'est là que l'aile gauche,
Paraît-il, d'une armée... immense, qui chevauche
Vers le fleuve de Loire.

LE TAVERNIER

Eh ! foin de leurs combats !
Arrête, Dieu d'en haut, ces légions d'en bas !
Le temps n'est plus d'ainsi conquêter des royaumes (2).

LE VEILLEUR

Tu tiens propos obscurs, comme un drapier-Guillaume (3).
Bonsoir, donc.

(Il s'éloigne, à gauche.
Le tavernier referme sa croisée.
Le paysan s'est lancé à droite, pas trop rassuré.)

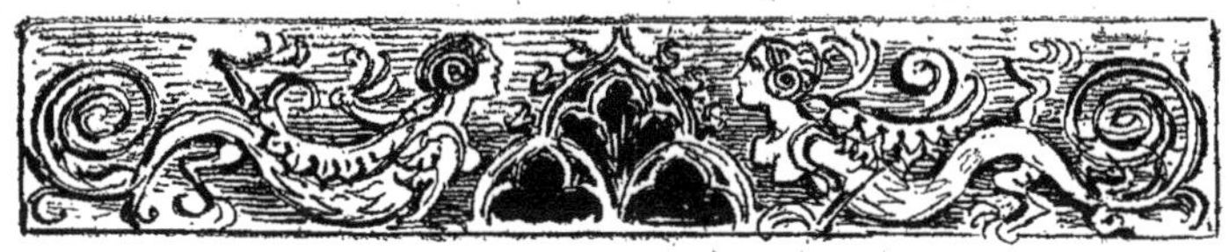

3. — LE PAYSAN

FRÈRE JEAN, LE PAYSAN

(Le paysan rentre en scène, en courant ; il va pour fuir à gauche, mais il culbute, en se heurtant à un anneau de fer, scellé dans une dalle, devant l'hôtellerie.
Frère Jean ne peut l'attraper, mais il prend au moins les sabots du paysan.)

LE PAYSAN, *tremblant de tous ses membres.*

Grâce, esprit !

FRÈRE JEAN

Réponds-moi.

LE PAYSAN

Grâce, esprit !

FRÈRE JEAN

Ne fais pas le stupide ; avance.

LE PAYSAN

Je suis pris !

FRÈRE JEAN

Faut-il donc te graisser la patte ? Allons, approche !

LE PAYSAN, *à distance.*

Merci bien ! Votre argent me brûlerait les poches !...
Je l'avais dit !

FRÈRE JEAN

Quoi donc ?

LE PAYSAN

Oh ! rien.

FRÈRE JEAN, *menaçant.*

J'aurais plaisir...

LE PAYSAN

Je n'ai rien dit, bien sûr.

FRÈRE JEAN, *de même.*

Je m'en vais donc saisir
Par les cornes le bœuf qui sur ta langue pèse.

LE PAYSAN

Daignez vous apaiser, grand esprit !

FRÈRE JEAN

Je m'apaise
Mais, avant de filer, dis-moi bien vite si
Celle dont je te parle a passé par ici.

LE PAYSAN

Vous ne l'ignorez point. Cela vous est facile
De tout savoir, bien mieux qu'à moi.

FRÈRE JEAN

Quel imbécile !

LE PAYSAN

Les esprits savent tout.

FRÈRE JEAN

Mais, en os et en chair,
Je suis tout comme toi ! Viens me tâter, mon cher.

LE PAYSAN

Grand dieu non !... Je vois clair au travers de vous-même.

FRÈRE JEAN

Je suis tout simplement un moine de Thélème.

LE PAYSAN

Je sais bien.

FRÈRE JEAN

Que sais-tu ?

LE PAYSAN

Je sais cela, pardi.
Moi je vous attendais... Voyez, j'avais bien dit.

FRÈRE JEAN

Quoi donc ?

LE PAYSAN

Mais... que vous viendriez.

FRÈRE JEAN

Et pourquoi faire ?

LE PAYSAN

J'ignore, moi. Je n'entends rien à vos affaires.

FRÈRE JEAN

De te rosser, vraiment, je n'aurais nul remords.
Autant vouloir tirer un pet d'un âne mort.

LE PAYSAN

Oh ! ne me battez pas ! Je tremble d'épouvante.
Vous m'interrogez, moi... pourquoi pas la servante ?
C'est elle qui m'a dit...

FRÈRE JEAN

Quoi donc ?

LE PAYSAN

Ce que je sais.

FRÈRE JEAN

Mais quoi ?

LE PAYSAN

Je ne sais plus.

FRÈRE JEAN, *poussé à bout.*

Tant pis !... c'en est assez !

LE PAYSAN, *vivement.*

Eh bien ! rends mes sabots, et je vais tout te dire.

FRÈRE JEAN, *s'avançant vers lui.*

Tiens !

LE PAYSAN, *qui recule.*

Mets-les sur le sol... retire-toi... retire.

FRÈRE JEAN, *reculant, après avoir déposé les sabots.*

Où donc?

LE PAYSAN, *désignant le hangar.*

Là !... mets-toi là !... derrière le pressoir...
C'est cela !...

(Frère Jean est à gauche, près du hangar.)

Maintenant...

(Il prend ses sabots et part d'un bond vers le fond.)

Je me sauve... bonsoir !

(Il pousse un cri terrible et recule.)

Ah !... grand dieu ! Je suis mort !... de partout il en source !

(Arrivent, par le fond, des Thélémites, hommes et femmes, parmi lesquels Epistémon.)

4. — L'ÉTOILE FILANTE

FRÈRE JEAN, EPISTÉMON, LE PAYSAN, LES THÉLÉMITES

EPISTÉMON, *accourant jusqu'à Jean.*

Le voici retrouvé !

UN THÉLÉMITE

Mais après quelle course !

FRÈRE JEAN

Comment, c'est vous ?...

EPISTÉMON

Tu vois.

FRÈRE JEAN, *achevant.*

Qui, jusque dans Chinon,...

(Brusquement inquiet.)

Muguette et Naraïl sont-ils des vôtres ?

EPISTÉMON

Non !

LE THÉLÉMITE

Mais Jean, pourquoi courir, à ces heures galantes ?

FRÈRE JEAN

Mes chers amis, j'adore une étoile filante.
Qui veut se faufiler loin de mon firmament.
Je cours après.

LE PAYSAN, *qui prend cela à la lettre.*

Grand dieu !

FRÈRE JEAN

Voilà tout simplement
Pourquoi, quand chacun rêve entre deux draps de toile,
Frère Jean, dans Chinon, court à la belle étoile.
Mais vous, chers enfants, que n'êtes-vous endormis ?

EPISTÉMON

Il paraît que le val se peuple d'ennemis.
Nous n'avons pas voulu que seul, et sans défense...

FRÈRE JEAN

Voyons, je ne suis pas que je sache, en enfance.

EPISTÉMON

Au moins, pendant la nuit, vaut-il pas mieux...

FRÈRE JEAN

Mieux vaut
Chercher encore, et sans attendre un jour nouveau.
Lorsque le jour paraît les étoiles s'éteignent.
J'aurai la mienne avant que le jour ne l'atteigne.

EPISTÉMON

Mais quel est ce gaillard qui t'écoute ?

FRÈRE JEAN

Un vilain
Sans esprit, qui me prend pour un esprit malin.
Or, il sait quelque chose et se tait.

EPISTÉMON, *pour effrayer le paysan.*

Pauvre sire !
Un revers de ta main suffirait à l'occire.

LE THÉLÉMITE

Eh bien ! dispersons-nous en feuillets d'éventail
Pour chercher. Mais au moins, donnez-nous des détails.

UNE THÉLÉMITE

Des détails ? Mais cela crève les yeux. Il aime
La brune qui depuis deux jours est à Thélème.

Je t'avais prévenu, pourtant, lorsqu'elle vint.
Je parie un baiser contre dix, contre vingt
Que je suis dans le vrai.

FRÈRE JEAN, *essuyant une larme.*

Mon Dieu oui, fine mouche

LA THÉLÉMITE

Vous pleurez ?

FRÈRE JEAN

Oh ! non pas, mes amis... Je me mouche.

LA THÉLÉMITE

Vous pleurez bel et bien. Vous n'êtes pas souffrant ?

EPISTÉMON

Réponds, mon cher. Tu sais qu'il convient d'être franc.
Le mensonge est un banc de sable où l'on s'enlize.

LE THÉLÉMITE

S'il pleure, c'est bien sûr, — cela nous tranquillise, —
Pour d'autres que pour lui. Qui donc est en péril !

FRÈRE JEAN

Deux enfants bien aimés : Muguette et Naraïl
Qui n'auront pas assez de pleurs, sous leurs paupières.
Néole, — après avoir marché longtemps, parmi les pierres, —
S'est présentée à moi.

THÉLÉMITES

Néole ?... celle qui ?...
— Mais Muguette a, sur Naraïl, des droits acquis.

FRÈRE JEAN

Oh ! Muguette renonce à tout.

THÉLÉMITES

Et l'autre dame.
Accepte le cadeau ? — C'est trop de bonté d'âme !

FRÈRE JEAN

L'autre dame a si bien accepté tout cela
Qu'elle a fui. Nous courons après elle, et voilà !

THÉLÉMITES

Mais pourquoi Naraïl, s'il sait Néole en fuite,
Ne s'est-il pas lancé lui-même à sa poursuite ?
— Il est vrai que son poste est des plus délicats.
— Vers qui semble-t-il donc pencher en pareil cas ?

FRÈRE JEAN

Naraïl ne sait rien. Il n'est ni pour ni contre.

EPISTÉMON

Il se peut bien, Muguette et lui, qu'on les rencontre.
Je les ai vus partir de ce côté, tous deux.

FRÈRE JEAN

Néole doit les suivre.

EPISTÉMON

Ayons pitié d'eux.

LA THÉLÉMITE

Oui, car l'amour de Jean demeurant sans réplique,
Il faut chercher Néole, et cela se complique
Affreusement.

EPISTÉMON, *au paysan.*

Eh bien ! toi, chinonnais, au nom
Des plus célèbres vins de la vieille Chinon,
Au nom des taverniers dont la piquette est bonne...

LE PAYSAN

Oui, oui, le tavernier ! ou plutôt non, sa bonne.

EPISTÉMON

Que chante-t-il ?

LE PAYSAN

Je dis la vérité, Messieurs.
Aussi vrai qu'il n'y a qu'un seul Dieu dans les cieux
La serve de céans m'a bien dit, à moi-même,
Qu'une femme était là qui venait de Thélème.

FRÈRE JEAN

O joie !

EPISTÉMON

Assure-t-en d'abord ; nous en doutons.

FRÈRE JEAN

Je cherche le heurtoir de la porte, à tâtons.

(Au paysan.)

Merci, mon cher. Tu peux partir si tu redoutes
Les esprits ; mais ils sont tes amis sans nul doute.

LE PAYSAN

Oh ! j'ai moins peur. Vous avez l'air de braves gens ;
Surtout vous...

(Il désigne frère Jean.)

Vous, Monsieur.

LES THÉLÉMITES, *heureux de cette remarque.*

Ah ! tu vois, frère Jean !

FRÈRE JEAN

Je vois qu'il est très tard. Tout se passe à merveille.
Rentrez à l'abbaye, amis, puisque je veille.
Au point du jour, je me fais fort de décider
Néole à revenir.

LE PAYSAN

Faudra-t-il vous aider ?

FRÈRE JEAN

Non, mon ami, point n'est besoin que l'on m'assiste.
Partez !

(Le paysan se retire.)

EPISTÉMON

Mais, dis-nous, Jean ; si Néole persiste
A s'éloigner de nous pour ne plus revenir,
Pourquoi, contre son gré, vouloir la retenir ?
Notre « Fais ce que veux » est bien aussi pour elle ?
Pourquoi vouloir changer sa pente naturelle,
Contre toute raison l'entraîner sous ton toit,
Lorsqu'elle prend congé de lui comme de toi ?
As-tu bien réfléchi ? Tiens-tu pas trop grand compte
De ce qu'un dieu perfide à l'oreille te conte ?
Songes-tu que Muguette...

FRÈRE JEAN

Eh ! oui, mon pauvre esprit
Ne fait que réfléchir à tout cela. J'ai pris
Une décision. Telle en est l'excellence
Que pour faire pencher à gauche la balance
Mon cœur et ma raison sont pleinement d'accord.
Croyez-moi, chers amis, cherchons Néole encor.
Non, elle ne doit plus errer à l'aventure.
Il n'est qu'un lieu, qu'un seul, dans la belle Nature,

Où reviendra toujours son rêve ; l'univers
Pour Néole n'est plus qu'un éternel hiver.
Il n'est qu'un lieu cher à Néole. Nous, les maîtres
De cet unique lieu, pouvons-nous nous permettre
De la laisser partir sans insister longtemps
Pour lui faire accepter notre éternel printemps ?

LE THÉLÉMITE

Elle arrive trop tard ; et quand l'heure est sonnée...

FRÈRE JEAN

Elle arrive trop tard d'une demi-journée.
Elle vient de si loin ! Elle arrive assez tôt
Du reste pour gravir avec moi le coteau.

EPISTÉMON

Mais le bonheur de ta Muguette ?...

FRÈRE JEAN

Oh ! je t'assure
Que, pour que ce bonheur survive à ses blessures,
Néole parmi nous pour toujours doit rester.
Par dessus tout Muguette aime la vérité ;
Naraïl saura tout. Muguette est incapable
D'observer plus longtemps un silence coupable.
Au risque d'écarter le bonheur à jamais
Elle saura tout avouer, je le promets.
Je la connais. Nos sorts depuis longtemps se mêlent.
Je prouve que je l'aime en agissant comme elle ;
Laissez-moi donc agir.

LE THÉLÉMITE

Tiens, si tu veux savoir...
Quelqu'un colle sa face aux vitraux. Viens donc voir.
C'est un vieillard que l'âge use et casse et délabre.
Il nous entend. Il met la flamme au candélabre.
Nous l'avons effrayé.

EPISTÉMON

S'il avait peur, je crois
Qu'il aurait déjà fait le signe de la croix.
Est-ce le tavernier ?

FRÈRE JEAN

Il ouvre la croisée.

5. — LE TAVERNIER

LES MÊMES, LE TAVERNIER

LE TAVERNIER, *de sa fenêtre.*

Nocturnes promeneurs, qui courez la gueusée,
Ribleurs et talvassiers (4), rentrez chez vous, messieurs.
Tout là-bas, un éclair a déchiré les cieux.

FRÈRE JEAN

Oui, nous allons partir ; mais vous est-il possible
De renseigner courtoisement des gens paisibles ?

LE TAVERNIER

Paisibles ? Voulez-vous que je vous parle net ?

FRÈRE JEAN

Sans doute.

LE TAVERNIER

C'est fort simple, et j'ai bien deviné.
Je vous ai vu porter les yeux sur la fenêtre.
Or, n'ayant pas l'honneur, messieurs, de vous connaître,
J'en ai conclu ceci : vous êtes du couvent
De Thélème, et ce soir, en moines bons vivants,
Sachant que j'ai chez moi votre sœur, — bien gentille, —
Comme les hidalgos dans les bourgs de Castille
Vous venez lui chanter l'aubade, rossignols !
C'est que vous n'êtes pas au pays espagnol,
Mais bien devant ma vieille enseigne : *A la lamproie* !
Mon fils, — à la fureur d'écrire étant en proie, —
Fait de vous un portrait des plus avantageux.
Ne le démentez pas. Partez, pour qu'à ses jeux
Puisse encor s'amuser ici la jouvencelle.

FRÈRE JEAN

S'amuser ?

LE TAVERNIER

Voulez-vous qu'elle meure pucelle ?
Ah ! non, vous voulez rire, eh, l'ami... Voyez-les !
Aussi vrai que j'ai nom Nicolas Rabelais,
Aussi vrai que j'ai vu quatre-vingt-cinq vendanges,
Jamais je n'ai contemplé de diables ni d'anges
Plus déconfits que vous.

FRÈRE JEAN, *balbutiant.*

Vous dites qu'à présent ?

LE TAVERNIER, *désignant frère Jean.*

Vous surtout, le plus vieux, vous êtes amusant.

FRÈRE JEAN

Que fait-elle, voyons ? Parlez, et sans feintise ?

LE TAVERNIER

Que voulez-vous, Messieurs ? Faut-il que je vous dise ?
Si vous n'avez jamais vu la « beste à deux dos »
Dites-lui de lever le coin de ses rideaux.

FRÈRE JEAN

Elle est avec une autre femme ?

LE TAVERNIER

Diable d'homme !
Mais, avec lui, Chinon s'appellerait Sodome !
Elle est avec un homme, un homme aussi joyeux
Qu'elle est triste, et pour qui la petite est tout yeux.
Certe, elle aime ardemment ; et même on se demande
A la voir tantôt triste et tantôt si gourmande
Si son amour, demain lui doit être interdit.

FRÈRE JEAN

Je deviens fou.

LE TAVERNIER

Bois tout ton vin le samedi
Comme on dit, si tu crains de trépasser dimanche.
Moi, j'ai mis une épingle, à propos, sur ma manche,
Pour éveiller nos amoureux au jour qui point.

FRÈRE JEAN

Doivent-ils donc rentrer à Thélème ?

LE TAVERNIER

Non point.
Je crois...

(S'interrompant.)

Chut ! dans la chambre où notre couple gîte
On cause. Nous troublons leur beau rêve... On s'agite.

(Le tavernier quitte sa fenêtre et recule.
Les Thélémites s'enfoncent de quelques pas dans la rue, à droite.
La fenêtre du palier s'ouvre.)

NARAIL, *paraissant sur le palier et fouillant du regard la petite place.*
A Muguette restée derrière.

Je ne vois rien du tout. Tu t'alarmes trop tôt.

(Il rentre et referme la fenêtre.)

FRÈRE JEAN, *accablé.*

Muguette et Naraïl !... C'est un coup de couteau !

LE TAVERNIER, *reparaissant.*

Vous avez vu, Messieurs, le couple que je traite ?

FRÈRE JEAN

Oui, oui !... mes bons amis, battez tous en retraite.

EPISTÉMON

Mais, Muguette ?...

FRÈRE JEAN

Elle est sage et moi trop insensé ;
Laissez-la, laissez-moi courir au plus pressé.

EPISTÉMON

A l'heure du déluge abritons-nous dans l'arche.
Nous sommes avertis qu'une troupe est en marche
Contre Thélème. Attendons-la du haut des tours.

FRÈRE JEAN

Rentrez donc ; avant peu je serai de retour ;
Mais quelque temps encor je veux m'occuper d'elle.
L'homme qui se croit libre est l'esclave fidèle
D'un cœur lui-même en proie aux mille passions.

EPISTÉMON

Songe à Thélème.

FRÈRE JEAN

Eh ! oui, notre création
Doit passer avant tout. Pourtant, quoiqu'il m'en coûte,
Ce sont mes sentiments... paternels que j'écoute.

EPISTÉMON

Pour hâter ta recherche et pour te protéger
Nous te suivrons, alors.

FRÈRE JEAN

Non ! Je ris du danger.

EPISTÉMON

D'abord, crois-tu Néole à Chinon ?

FRÈRE JEAN

Je persiste
A penser que je suis sur la meilleure piste.

EPISTÉMON

Donc, par divers chemins, retrouvons-nous bientôt
Au Trou Maudit, devant les fossés du château.

FRÈRE JEAN, *au Tavernier.*

Protège nos amis, bon vieillard ; je t'en prie.
Adieu !

LE TAVERNIER

Bonsoir, Messieurs.

(Néole, venant de gauche, est apparue derrière la maison. Elle a entendu les derniers vers. Elle se cache sous la porte cochère.

Les Thélémites se dispersent de divers côtés. Plusieurs, en hâte, passent devant le porche où se tient Néole.)

6. — LA PRIÈRE

Néole

NÉOLE, *seule, agenouillée devant la vierge.*

Bonne vierge Marie
Pour la dernière fois je tends vers vous les mains.
Chaque jour vous avez éclairé mon chemin ;
Par vous seule j'apprends, sans être reconnue,
Que les pauvres amants, troublés par ma venue,
Ont franchi tous les deux le seuil de ce logis.
C'est par vous que j'espère et par vous que j'agis ;
C'est par vous que j'obtiens de mourir en chrétienne,
Car il faut que ma mort avant l'aube retienne
A tout jamais Muguette auprès de Naraïl.
Avant qu'elle ne touche à sa terre d'exil
Et qu'une angoisse injuste, affreuse, ne l'étreigne,
O ma mère, je veux que ma mort la contraigne
A ne plus le quitter. Je dois donc, n'est-ce pas,
Pour que Muguette apprenne aussitôt mon trépas,
Abréger ici même un douloureux calvaire !
Mais non. Le ciel encor se montrerait sévère
Pour celle qui n'a pu remettre ses péchés.
Dans la nuit, sur mon front, qui pourra se pencher ?...
Ah ! guidez-moi jusqu'à ces dernières limites...
J'irai mourir au rendez-vous des Thélémites.
L'un d'entre eux m'absoudra... je sais ce qu'ils ont dit :
Les fossés du château... Je sais... le Trou Maudit.

(Se levant.)

Toute chose est par vous divinement prévue...
Là je pourrai mourir... sans blesser votre vue,
Sans manquer à ma foi, sans honte, sans remords,
Et Muguette apprendra tout aussitôt ma mort !...
Guidez-moi vers le ciel ! Brillez, pure auréole !
Je ne serai plus seule enfin ! Bientôt...

(Muguette est apparue sur le palier.)

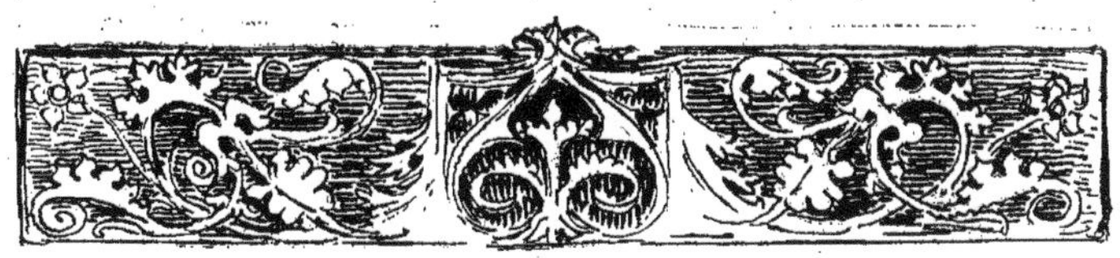

7. — LE CRI DANS LA NUIT

NARAIL, MUGUETTE, NÉOLE

MUGUETTE, *seule sur le palier, se penchant en avant ; à mi-voix et avec une sorte de frayeur.*

Néole !

NÉOLE, *se cachant.*

Ciel !

MUGUETTE, *amenant Naraïl sur le palier.*

Venez voir !

NARAIL, *ne voyant personne sur la place.*

Encor !... Je blâme ton effroi.
Tu trembles, ma Muguette. As-tu donc froid ?

MUGUETTE

J'ai froid !

NARAIL

Froid dans l'air étouffant ?

MUGUETTE, *haletante.*

N'aperçois-tu personne ?

NARAIL

Je n'ai d'yeux que pour toi qui dans mes bras frissonnes.

MUGUETTE, *à mi-voix, tremblante.*

Tu ne la vois pas ?

NARAIL

Qui ?... Pour m'en parler ainsi
Veux-tu me préparer à la revoir ? Non ?

MUGUETTE, *haut, comme pour être entendue de Néole.*

Si.

La verrais-tu sans peur ?

NARAIL

Vraiment, que dois-je croire ?

MUGUETTE

Es-tu bien préparé ?

NARAIL

Rentrons ; la nuit est noire.
C'est toi qui me fais peur. Les nuages sont lourds.
Sur tes cheveux et sur ta robe de velours
Je veux dormir, je veux attendre avec paresse
Que l'orage s'écarte et que le jour paraisse.

MUGUETTE

Non ! il serait trop tard !

NARAIL

Pourquoi veux-tu, voyons,
Arriver à Seuilly dès les premiers rayons ?
Pourquoi donc tant de hâte, et de crainte, et de fièvre ?
Je sens sous mon baiser frémir tes chères lèvres...
Ah ! laisse-les parler... je veux, je veux savoir.

MUGUETTE, *se dégageant de l'étreinte.*

Tu pourrais m'empêcher de faire mon devoir.

NARAIL

Ton devoir au bonheur peut-il être contraire ?

MUGUETTE

Même au prix du bonheur je ne puis m'y soustraire,
Et je veux l'accomplir avant tout.

NARAIL

C'est en vain
Que je cherche à savoir ; ouvre ton cœur, enfin.
Nous avons tant parlé de Néole, à tout âge,
Que nous ne saurions plus en parler davantage.

MUGUETTE, *toujours effrayée, sondant la nuit du regard.*

Taisez-vous, taisez-vous !

NARAIL

Elle peut revenir :
Elle apprendra que tu gravais son souvenir ;
Qu'une sœur aurait fait bien moins que toi pour elle ;
Que tu l'aimais d'une amitié surnaturelle,
Et que tu me portais, à moi, moins d'amitié.

MUGUETTE

Tais-toi !

NARAIL

Que ton amour est né de ta pitié,
Que tu la croyais morte et gardais l'espérance
De ramener sa tombe en ce beau coin de France,
Pour la fleurir aussi longtemps que tu vivrais.

MUGUETTE

C'est frère Jean qui vous l'a dit !! Ce n'est pas vrai !

NARAIL

J'en suis sûr, maintenant... Que Néole revienne :
Elle verra quelle âme adorable est la tienne,
Et t'aimera comme je t'aime. Ah ! ne sais-tu ?
Quand, pour te contenter, je la cherche, abattu,
C'est à toi, — ce n'est pas à elle, — que je pense !
Et quand je goûte enfin, — suprême récompense, —
Le charme de te voir, le bonheur de t'ouïr,
Je fais effort pour ne jamais me réjouir
De revenir sans elle !...

(Néole reçoit le coup brutal.)

MUGUETTE, *faisant reculer Naraïl, pour l'empêcher de parler.*

Ah ! tais-toi si tu m'aimes !

(Néole, qui a tremblé d'être vue, s'éloigne rapidement vers le fond, en longeant le mur.
Elle attend encore un court instant au fond de la scène.)

NARAIL

Je puis t'aimer comme autrefois, malgré toi-même,
Mon cœur s'étant porté vers toi seule !

MUGUETTE, *penchée, criant dans la nuit.*

Non, non !
Il vous aime toujours, Néole !

(Néole a un geste de douleur suprême et disparaît.)

MUGUETTE, *seule sur le palier*

Néole !

NÉOLE, *se cachant*

Ciel !

(*A. III, Sc. 7*)

NARAIL

Que ce nom
Revient mal à propos, chère, quand tout est joie !

MUGUETTE, *bas, affolée.*

Non, non, tout est malheur, et le grand vent s'emploie
A nous emporter tous.

NARAIL

As-tu donc entrepris
De m'amener à juger mal de nos esprits ?
La crainte du malheur égare tes paroles.

MUGUETTE

Oui, vous avez raison, une crainte m'affole.

NARAIL

Que crains-tu ?

MUGUETTE

Qu'elle ait pu vous entendre !... Songez
Qu'elle en pouvait mourir.

NARAIL

Tu ne vois que dangers.
Là ! je veux mettre un terme à des frayeurs sans nombre.
Descendons.

(Il la prend par la main, descend avec elle et cherche sur la place, où Néole n'est plus.)

Vois-tu bien ! Rien ici, pas une ombre !

(Muguette ramasse un ruban, devant la Vierge.)

Qu'as-tu trouvé ?... Dis-nous ton histoire, ruban !
Cheveux défaits, serments échangés sur ce banc !...
La vierge doit en savoir long... Eh bien, Muguette,
Seras-tu raisonnable, ou toujours inquiète ?
Repose-toi, chasse ta fièvre et ton ennui ;
Rien ne doit te troubler...

(Un cri de douleur arrive jusqu'aux deux amants.)

MUGUETTE, *comme blessée au cœur.*

Ah ! ce cri dans la nuit !...

NARAIL

Tu frémis dans mes bras, qu'as-tu ?

MUGUETTE

Si c'était elle ?...
Ah ! la douleur d'aimer !... Les paroles mortelles !...

NARAIL

A qui peux-tu songer ?

MUGUETTE

J'entends parler, là-bas ?

NARAIL

Néole est donc ici ?

MUGUETTE

Mon cœur, comme tu bats !

NARAIL

Cela ne se peut pas, et ce que tu redoutes...
Ah ! dis-moi si Néole est parmi nous ?

MUGUETTE

Sans doute !
N'as-tu donc pas compris ? Elle est ici. J'entends
Marcher... Mon Naraïl, ah ! s'il n'était plus temps ?

NARAIL

Muguette, explique-toi... voyons, tu m'épouvantes.
(Epistémon arrive, du fond.)

MUGUETTE

C'est vous, Epistémon ?... Est-elle encor vivante ?

EPISTÉMON

Elle est vivante encor. Ce sont nos bons amis
Qui la soignent...

NARAIL

Néole ?

EPISTÉMON

Et l'espoir est permis.

NARAIL

L'espoir ? Qu'a-t-elle fait ? Conduisez-moi près d'elle !

EPISTÉMON, *indiquant la rue du fond à droite.*

Près des douves du vieux château ; sous la cordelle
Du pont...

MUGUETTE

Embrasse-moi, cher Naraïl, et cours.

EPISTÉMON

Nous vous suivons ; volez bien vite à son secours.
Nous allons réfléchir, tous deux.

(Naraïl s'arrache des bras de Muguette et part en courant.)

8. — LA FEUILLE QUI S'ENVOLE

MUGUETTE, EPISTÉMON

EPISTÉMON

Elle est perdue !
J'ai vu ses pauvres yeux et sa bouche tordue.

MUGUETTE

Qu'elle vive ! Elle a cru qu'elle me délivrait,
Que je puis être heureuse encor. Ce n'est pas vrai.
Je ne veux pas de l'inutile sacrifice !
Ah ! qu'elle vive, Epistémon !

EPISTÉMON

Nos bons offices
Ne la guériront point. Ecoute-moi, plutôt,
Et tu réfléchiras.
C'est au pied du château
Dans une eau croupissante, infecte, empoisonnée,
Que Néole a voulu trancher sa destinée.
Son cri fut aussitôt compris de frère Jean.
Il cherche dans la nuit, et, malgré nous, plongeant
Sans peur dans ces fossés dangereux, il arrive
A ramener la malheureuse sur la rive.
Mais elle veut mourir. Le diable ni les saints
Ne la détourneraient de son affreux dessein.
C'est pourquoi, connaissant ta secrète pensée,
Je viens te dire que ta fuite est insensée.
Naraïl est près d'elle. Il la verra mourir.
Veux-tu, pour augmenter sa douleur, et férir
Le cœur de frère Jean, changer notre tristesse
En un deuil éternel, en frayeur, en détresse ?
Tu dois rester parmi ceux-ci qui t'aiment tant.
Songe à ce que tu perds, songe à ce qui t'attend.
Toi qui vis libre, après avoir connu la geôle,
Tu ne peux plus jouer là-bas ton premier rôle...

Mais tu songes peut-être à ton père, et tu crois
Qu'il vit parmi ces moinillons armés de croix ?
Or, à moi, frère Jean m'a donné l'assurance
Que ton père leur a tiré sa révérence.
S'il était là, celui que tu n'as pas connu,
Il te dirait que ta raison trotte menu,
Et qu'on doit supporter les chagrins de chaque âge.

MUGUETTE

Non ! l'oiseau malheureux doit rentrer dans sa cage,
Loin du mauvais destin, le farouche oiseleur.
Si Néole trépasse, après un tel malheur
Vivre au milieu de vous me semble difficile.

EPISTÉMON

Et vingt ans de tracas, dans ton vieux domicile,
Est-ce donc préférable à ce malheur ? Non, point.
Comme dit un Platon que j'ai dans mon pourpoint
C'est changer une pièce en petite monnaie.
Tu ne partiras pas, Muguette, que je n'aie
Averti Naraïl.

MUGUETTE

Que dites-vous ? Il eut
Déjà trop à souffrir, et tout est résolu.

EPISTÉMON

Résolu sans raison. Je... cherche dans ma tête...
« Nos résolutions, dit le vieil Epictète...

MUGUETTE

Non ! si je puis encore agir en liberté
Pour la dernière fois je veux en profiter,
Et, sans retard, prenant Néole pour modèle,
Me montrer généreuse et vraiment digne d'elle.
Je fais ce que je veux ! Rejoignez frère Jean.
Vite, allez consoler, parmi ces braves gens,
Mon pauvre Naraïl si sincère et si tendre.
Néole n'est pas morte. Elle peut vous entendre.
Dites-lui qu'elle doit aimer et vivre encor ;
Que je ne suis plus rien qu'une fille de corps,
Epouse peu gênante, à jamais asservie.
En lui rendant l'espoir vous lui rendrez la vie.

EPISTÉMON

Je la ferai mourir un peu plus tristement.

MUGUETTE

Non ; vous parfumerez à ses derniers moments
Une pauvre existence amère et douloureuse.
Faites qu'elle connaisse une minute heureuse.
Et quant à Naraïl, c'est lui, dans l'avenir,
Que vous pourrez guider, consoler, soutenir.
Chaque soir, délaissant la quenouille et la toile,
Tout en pleurant mes yeux s'en iront vers l'étoile,
La divine hesperus qui la première luit.
S'il est seul, qu'il regarde aussi. Dites-lui

EPISTÉMON, *se décidant à une révélation.*

Reste ! Ton père est là. Tu vas enfin connaître
Son nom...

MUGUETTE, *à son idée précédente.*

Je me tiendrai longtemps à ma fenêtre.
Les malheurs les plus grands nous auront désunis,
Mais nos regards se rejoindront dans l'infini.
J'entends le coche ! Adieu ! vous pleurez ?

EPISTÉMON

Tête folle,
L'arbre entier pleurera la feuille qui s'envole,
Ce bel arbre que va dépouiller le grand vent.

LA VOIX DU POSTILLON

Pour la Roche-Clermault et Seuilly-le-Couvent,
Bourg l'évesque et Loudun, château de la Grand-Jaille,
Et, jouxte tous ces lieux, où l'on voudra que j'aille,
Le coche va partir.

(Epistémon et Muguette s'embrassent en pleurant. Muguette sort au fond, à gauche. Bruits de grelots et de clochettes.)

EPISTÉMON

Ah ! le maudit destin !

(Il sort par le fond, à droite.)

9. — LA CROISADE

LE VEILLEUR, LE GÉNÉRALISSIME, *la tête des troupes, moines, soudards, routiers, arquebusiers.*

(Ils viennent de gauche, premier plan.)

LE VEILLEUR, *indiquant le chemin de droite, au généralissime, bas.*

Toujours tout droit,... vous y serez de bon matin.
Mais évitez le choc bruyant des calebasses,
Marchez à cloche sourde et parlez à voix basse.
Quelques-uns sont tout près, sous un ciel menaçant.

LE GÉNÉRALISSIME, *après avoir fait arrêter ses hommes.*

En tout, combien sont-ils ?

LE VEILLEUR

En tout, cinq ou six cents.
Mais les plus dangereux sont là... une trentaine.
Les autres ne sauront lutter sans capitaine.

LE GÉNÉRALISSIME

Nous détruirons Thélème et raserons les murs.
Nous devons renforcer les troupes de Saumur,
Et celles d'Orléans, de Citeaux, de Vendôme.
Nous serons vingt-cinq mille !

LE VEILLEUR

Il y aura mort d'homme.

LE GÉNÉRALISSIME

Ces gens sans foi ni loi verront, au jour levant,
S'ils ont le droit de vivre à leur guise.
En avant !

(Les soudards repartent, vers la droite.)

RIDEAU

Paouvres humains qui bon heur attendez.

RABELAIS.

QUATRIÈME ACTE

QUATRIÈME ACTE

Dans la forêt de Thélème, avant le lever du jour.
Arbres, rochers.
Le centre de la scène est le sommet d'un petit tertre, où viennent se croiser les chemins de la forêt ; et, sur cette éminence, est un chêne noueux, qui domine tous les autres.
Un toit de chaume, abritant un banc rustique.

Orage violent. Pluie, rafales, bourrasques.

Au lever du rideau des soudards, venus pour assiéger Thélème, se tiennent à l'abri sous le toit de chaume.

I. — LES THERMOPYLES

SOUDARDS, CAPITAINES, *puis aussitôt,* LE GÉNÉRALISSIME *et sa suite.*

UN CAPITAINE, *allant, sous l'orage, dans la nuit, au-devant d'un homme.*

Est-ce vous, Monseigneur ?

LE GÉNÉRALISSIME, *entrant.*

C'est moi. Malgré l'orage
Nos guerriers ont montré bon cœur et bon courage.
Autour de ce couvent maudit ils sont massés
A l'abri des regards, dans un large fossé
De dix-huit pieds profond, long de six mille toises,
Où la gent thélémite, encore que matoise,
Ne les soupçonne point. C'est l'endroit le meilleur,
Car, la nuit, dans Thélème, un satané veilleur
Sonde les bois avec la lueur de son phare,

(Railleur.)

S'il n'y voit rien, bientôt il ouïra la fanfare.

LE CAPITAINE

Mais, dans ce long fossé, n'y a-t-il donc pas d'eau ?

LE GÉNÉRALISSIME

Très peu ; mais nos soldats reçoivent sur le dos
Tout le torrent d'enfer que le diable déchaîne.

(A un trompette.)

Toi, garde ta trompette, et grimpe dans ce chêne,
Il y a dans Chinon, trente ou quarante gueux
De Thélème. Ce sont, dit-on, les plus fougueux,
Lorsque tu les verras venir, par cette allée,
Que le son de ta trompe, emplisse la vallée.
Je voudrais laisser croire à tous ces imposteurs
Qu'ils entendent d'en haut l'ange exterminateur
Annonçant à Thélème, avec une trompette,
Le jugement dernier, au milieu des tempêtes.
A ce signal, nous marcherons sur le couvent.

LE TROMPETTE

Il doit faire, au sommet, grande pluie et grand vent,

LE CAPITAINE

Il y fait bon pour ton honneur !

LE TROMPETTE

Je n'en ai cure.
Et comment y verrai-je, en cette nuit obscure,
Dans le nuage, au beau milieu du pet-en-l'air ?

LE GÉNÉRALISSIME

Tu n'y verras que trop quand luiront les éclairs.
D'ailleurs, l'astre en retard va bientôt reparaître.
Monte donc.

(Aux soldats.)

Quant à vous, arquebusiers et reîtres,
A ce poste d'honneur, haut les têtes, soldats !
Défendez ce chemin comme, à... *Léonidas,*
Fit naguère le grand général... *Thermopyles.*

LE CAPITAINE, *touchant le bras du généralissime.*

Hum !

Malgré l'orage.
Nos guerriers ont montré bon cœur et bon courage.
(*A. III. Sc. I*).

LE TROMPETTE, *à un autre soldat.*

Si je chois, la face à terre ?

LE SOLDAT

Je prends pile.

LE TROMPETTE

D'ailleurs, pour éviter les heurts et les cahots
Mieux vaut encor je pense aller percher là-haut.

(Le trompette grimpe dans l'arbre.
Le généralissime s'éloigne à droite, avec sa suite.)

2. — L'AVEUGLE

FRÈRE JEAN, EPISTÉMON, NARAIL, LES THÉLÉMITES

(Tous arrivent de gauche. Naraïl est conduit par deux amis ; il est aveugle)

FRÈRE JEAN

Arrêtons-nous. Le pauvre aveugle s'exténue.

NARAIL

Ah ! quand le feu du ciel descendit de la nue
Pour aveugler mes yeux par les pleurs affaiblis
Pourquoi ne m'a-t-il pas entraîné dans l'oubli ?
Quels sont les derniers coups que le sort me réserve ?
Ah ! laissez-moi périr ! Que ma mort vous préserve
Des malheurs à venir.

FRÈRE JEAN

Nous restons près de toi.

NARAIL

Où sommes-nous ?

FRÈRE JEAN

Dans les rochers, sous le vieux toit
De chaume.

NARAIL

Oui, je connais ce cher abri. Son ombre
Etait douce aux baisers, à nos serments sans nombre.
Aujourd'hui, j'y reviens sans elle, délaissé !...
Grands arbres, faunes blancs, sentiers, tout le passé,
Chers témoins du bonheur, comprendrez-vous ma peine ?

EPISTÉMON

Puisque, dans les chagrins dont ta pauvre âme est pleine,
C'est sur Muguette uniquement que tu gémis,
Ne pleure plus : Elle est à Seuilly. Tes amis
Te la ramèneront.

NARAIL

Non, non. Je pleure ensemble
Les deux êtres que j'ai perdus, et si je semble
Oublier trop Néole et son triste trépas,
C'est que, dans ma douleur, je ne distingue pas.
Leurs noms, leurs souvenirs, dans mon âme se mêlent.
Je n'ai jamais aimé qu'une fois, tout comme elles,
Car Muguette et Néole étaient deux pauvres sœurs.
J'aimais leur même voix et leur même douceur.
Muguette était pour moi Néole retrouvée.
Par la même tempête elles sont enlevées ;
Ensemble, le destin les désigne du doigt.
Il comprend mon amour, il fait bien ce qu'il doit.
Quand l'une disparaît, il veut que l'autre meure ;
Il a su prendre, au même endroit, à la même heure,
Deux cœurs que mon amour confond et réunit.
Aussi, ne tentez rien pour moi ; tout est fini.
Néole a le bonheur de mourir la première.
Mais déjà mon regard se voile à la lumière ;

Je ne saurais survivre à ce triste abandon.
Puissé-je, ô ma Muguette, obtenir ton pardon
Pour tout ce que j'ai pu te causer de souffrance,
Et mourir, car c'est là toute mon espérance.

FRÈRE JEAN

Mon fils, si le chagrin peut conduire au charnier,
Alors nous allons tous mourir jusqu'au dernier.

Comme toi j'ai perdu deux femmes bien aimées,
Néole, dont ma vue était déjà charmée,
Et Muguette, ma douce enfant. J'ai donc aussi,
Plus que tu ne le crois, des chagrins, des soucis,
Dont ma pauvre mémoire est à jamais remplie.
Mais je revois debout la grande œuvre accomplie
Qui doit régénérer le monde. Je ne veux
Que songer aux vivants, aux arrière-neveux (1),
A cette foule humaine, ignorante, asservie,
Qui ne sait pas encor la raison de la vie
Ni la façon de s'en servir. Les affligés
Voient se résoudre en pleurs leurs tourments passagers.
Un ciel gris ne peut être éternellement triste.
Aussi, songeons d'abord à l'œuvre qui subsiste,
A la bonne Nature, au constant univers,
Au bois ombreux qui nous accueille à bras ouverts.
Laisse-là ce qui passe et songe à ce qui dure.

NARAIL

Nature, avec ses fleurs, ses oiseaux, sa verdure
N'a d'éternel que son éternel changement.
Thélème et ses grands murs et ses palais charmants,
Sa large vie et son idéal admirable,
Pas plus que le printemps ne peut être durable.
Mais ce qui dure, hélas ! quand s'effacent les pleurs,
C'est la douleur d'aimer, l'éternelle douleur,
Qui semble issir et s'exhaler des moindres choses
Et qui subsiste encore quand disparaît sa cause
Ou son objet.

(L'orage redouble de violence.
Toute la forêt est secouée par la tourmente. Eclairs aveuglants, et craquements.)

LE THÉLÉMITE

Je crois que l'orage s'abat
Sur Thélème... qui peut supporter le combat.

EPISTÉMON

D'ailleurs, courons-y donc. Nous avons là, tout proche,
Un souterrain qui s'ouvre au-dessous d'une roche
Et rejoint le couvent. Qu'on le mette à profit.

LE THÉLÉMITE, *tenant une trompette qui vient de tomber de l'arbre.*

Voici ce qu'en crevant le nuage bouffi
Jette à mes pieds.

EPISTÉMON

Une trompette à trois volutes !

LE THÉLÉMITE, *voyant descendre de l'arbre le soldat-trompette, qu'il tire par la jambe.*

Et voici, tout armé pour soutenir la lutte,
Un vautour qui renonce à l'humide perchoir.

LE TROMPETTE, *craintif, à celui qui tient la trompette.*

Ah ! vous avez trouvé...

LE THÉLÉMITE

Ceci qui vient de choir.

LE TROMPETTE, *qui ne croit pas parler à des Thélémites.*

Il n'est pas avec vous, le généralissime ?

EPISTÉMON, *d'abord surpris, ensuite rusé.*

Le gén ?... ah ! non.

LE TROMPETTE, *pour s'excuser :*

Le vent qui balance les cimes
A fait glisser ma trompe, et si vous estimiez...

EPISTÉMON

Alors, mon cher, nous n'arrivons pas les premiers ?

LE TROMPETTE

Les premiers ? Ils sont là dans les fossés d'enceinte
Des milliers de blottis.

EPISTÉMON

Des milliers, vierge sainte !

LE TROMPETTE

Les fossés sont profonds. Ils sont cachés dedans.

FRÈRE JEAN, *rusé.*

Qu'attendent-ils pour attaquer, les imprudents ?
Ils ne craignent donc pas qu'on ouvre les écluses ?

LE TROMPETTE

Mais non, puisque Thélème est close et recluse.
Seuls pourraient donc ouvrir les Thélémites qui
Bientôt arriveront par cet épais maquis.
Mais, d'en haut, et malgré l'ouragan, je surveille.
Je sonnerai dès qu'ils paraîtront.

EPISTÉMON

A merveille !

LE TROMPETTE, *riant.*

C'est pour qu'ils puissent croire au jugement dernier.

FRÈRE JEAN, *rusant.*

Sais-tu lire ?

LE TROMPETTE

Non pas ; je suis gagne-denier.

FRÈRE JEAN, *se faisant terrible.*

Tant pis pour toi ; nous combattons les Thélémites
Pour ce seul fait que leur bêtise est sans limites.

(Il parle bas à Epistémon.)

EPISTÉMON, *bas, au trompette.*

Ami, je vais t'aider à lire, fais semblant.

LE TROMPETTE, *effrayé, à frère Jean, qui semble méditer de fâcheux desseins contre lui.*

Je... sais un peu.

FRÈRE JEAN, *écrivant.*

Voici, sur un parchemin blanc,
Les mots de passe, écrits très gros... Là !... Je parle
Que tu n'y verras rien.

LE TROMPETTE, *comme s'il lisait.*

Jésus, fils de Marie.

EPISTÉMON, *bas, au trompette.*

J'allais te les souffler.

LE TROMPETTE, *souriant, bas, à Epistémon.*

Je les savais par cœur.

FRÈRE JEAN

Il a bien lu. Marchons ! Allons, d'un pas vainqueur,
Vers l'écluse, et... veillons au bon jeu des deux portes.

LE TROMPETTE

Rendez-moi ma trompette.

FRÈRE JEAN

Oh ! mais non. Je l'emporte.
Nous avons là, dans quelque endroit de la forêt,
Cent animaux valant mille coupe-jarrets.
Or, pour mieux exciter la vaillante milice
Je cornerai, tout en restant dans la coulisse.

LE TROMPETTE

Quels animaux sont-ils ?

EPISTÉMON

Des lions, des amours
D'hyènes qui n'ont pas mangé depuis trois jours ;

Des tigresses de qui j'ai pris les petits tigres ;
Trois panthères et six chacals.

LE TROMPETTE

Bigre de bigre !

FRÈRE JEAN

Nous lâcherons ces affamés dès le début
Contre ceux des bandits qui n'auront pas trop bu
L'eau des fossés.

LE TROMPETTE, *sans bien comprendre.*

Comment !

FRÈRE JEAN, *au trompette.*

Toi, remonte et détaille
A haute voix tous les aspects de la bataille ;
Le pauvre Naraïl, aveugle, t'entendra.

(Le trompette remonte dans son arbre.)
(Eclairs éblouissants, fracas du tonnerre.)

EPISTÉMON

Le ciel éclate. Il se déchire comme un drap.

FRÈRE JEAN

Et maintenant, craignons les forces réunies.
Muguette n'est plus là !... C'était le bon génie
Qui pouvait désarmer l'univers se liguant.
Et si, sur nos beaux murs, s'acharne l'ouragan,
Notre espérance peut ce soir être déçue.

EPISTÉMON, *toujours confiant.*

Allons donc !

FRÈRE JEAN

Naraïl, quelle que soit l'issue,
Nous reviendrons dès que possible en cet endroit,

NARAIL, *qui veut les accompagner.*

Moi seul ayant causé tout le malheur, j'ai droit...

FRÈRE JEAN

Nos malheurs sont causés par l'ignorance humaine
Et par les passions, en nous, qui se démènent.
Reste ici, pour ne point entraver notre effort,
Nous affaiblir lorsque nous devons être forts.

(Les Thélémites s'éloignent à droite, à l'exception de Naraïl.
L'orage continue. Nombreux éclairs. Vent, rafales.)

3. — LA BATAILLE

NARAIL, *par instants* EPISTÉMON, LE TROMPETTE *invisible.*
UN CAVALIER MASQUÉ *passera vers le milieu de la scène.*

NARAIL, *au trompette grimpé dans l'arbre.*

Ami, que voyez-vous ?

LA VOIX, *du trompette, de l'arbre.*

Une Loire en ripaille.
La gueuse sort du lit comme une brise-paille.
Que d'orage et de flot ! L'éclair, en démasquant
La plaine, me permet d'apercevoir le camp
De nos guerriers, au fond des plus larges tranchées.

(Un silence)

Ciel !... les fossés où notre troupe était cachée
S'emplissent d'eau !... C'est un véritable torrent !
Nul ne pourra lutter contre tant de courant,
Surtout sous l'embarras de l'arme et des courroies.
L'enfer aura brisé les vannes. Il guerroie
Contre nous, pour Thélème, et nous nous dépeuplons.
Le feu grégeois emplit les gouttières de plomb,
Et la poix coule à flots sous les vertes écailles
Des gargouilles crachant au milieu de blocailles.
Là-bas, un pavillon s'allume.

NARAIL, *inquiet.*

Un pavillon ?

LA VOIX, *de l'arbre.*

Près du fleuve ! Tout flambe !
Un petit bataillon
Se forme avec tous ceux qui remontent les berges.
La poudre étant mouillée, on ne voit que flamberges.

(Entre Epistémon.)

EPISTÉMON, *affolé*

(Il est chargé de livres ; il en a un entre les dents, un autre sous le menton Il a des rouleaux sous les bras, sous sa ceinture et dans ses poches.)

Hélas ! Cher Naraïl... malheur sans précédent !...
Je suis fou ! mon trésor n'est qu'un brasier ardent

(Il place ses livres sous l'abri, tout en parlant.)

Dans le couvent, tous sont debout, sur l'esplanade,
Car la foudre a brisé six grosses colonnades,
Et tout un pan de mur s'abat.

NARAIL

Mais les petits ?...

EPISTÉMON

Par l'un des souterrains les jeunes sont partis.
D'autres font, — qui sont là pour panser les blessures, —
De la charpie, au fond d'une arrière voussure.
Les grands, du haut des murs qui sont restés debout,
Versent sur l'assaillant la résine qui bout.
Sans se demander si leur muraille s'effondre
Ils chauffent, chauffent tout ce qui consent à fondre.
Je sauve, quant à moi, les plus chers manuscrits.
J'en veux sauver encor, jusqu'à mon dernier cri.

LA VOIX, *de l'arbre.*

Le pavillon n'est qu'une torche, un feu de joie,
Au beau milieu des flots et des bois qu'il rougeoie !

EPISTÉMON, *bondissant.*

Ah ! le moment n'est pas à bavarder. Je cours
A mes livres.

(Il sort.
Orage.)

NARAIL, *au trompette.*

Ami, reprenez le discours.

LA VOIX, *de l'arbre.*

A parler franc, monsieur, je ne comprends plus guère,
C'est contre nous que vos amis partaient en guerre.
L'un d'eux s'avance, en faisant de grands moulinets.

NARAIL

Lequel est-ce ? Le moine ?

LA VOIX, *de l'arbre.*

Oui, je le reconnais.
Est-il aveugle aussi ? C'est le diable en personne...
Le jour paraît... J'entends ma trompette qui sonne...
Dans la forêt le cri des fauves lui répond.
Sur le fossé nos ouvriers jettent des ponts
En abattant de grands sapins ; mais notre armée
Par la dent des lions est déjà décimée.
Hélas ! hélas !... je vois nos archers poursuivis
Par des fauves hurlants, enragés, allouvis,
Saillissant des rochers, de toutes les fissures.
Nos gens tombent, geignant sous d'horribles morsures.
Mais ailleurs nous avons l'avantage. Bientôt
Tous les vôtres seront cernés dans leur château.

NARAIL

Comment les défendrai-je, hélas ?

(Violent coup de tonnerre, bruit de murailles qui s'écroulent.
L'orage s'éloignera. On n'entendra plus que quelques roulements lointains.)

LA VOIX, *de l'arbre.*

Oh ! oh ! sous l'astre
Qui monte, j'aperçois, croûlant sur ses pilastres,
Un palais terrassé par la foudre. Le ciel
Cesse de déverser son flot torrentiel.
C'est bien le dernier jour de Thélème !

NARAIL

J'enrage !

(Entre Epistémon. Il est apparu en selle. Son cheval est chargé d'énormes livres et rouleaux. Une hache est à l'arçon.
Il descend de cheval, et range ses trésors en parlant.)

EPISTÉMON

Voici, — malgré la flamme, et le fer, et l'orage, —
Les perles d'Ennius (2), un règne de Trajan,
Un Lucrèce... En raison de ses gros clous d'argent
Ce Plutarque, emporté par un grand diable en selle,
Fuyait, étroitement serré sous son aisselle ;
Ainsi fit Pathelin son drap. Mais j'ai bondi,
Enfourché la monture et tué le bandit.

LA VOIX, *de l'arbre.*

Vers Chinon, nul encor n'a franchi la lisière.

(Un cavalier masqué, descendu de cheval depuis quelques instants, s'avance prudemment, de gauche.)

EPISTÉMON, *prêt à se défendre avec un énorme manuscrit.*

Qui va là ?

(Le cavalier relève sa visière. C'est Muguette.
Epistémon fait quelques pas vers elle. Bas :)

Quoi ? c'est toi que cache une visière ?

MUGUETTE, *bas, à Epistémon.*

Le coche a rencontré des soldats, dans le val.

J'ai tout su. L'un d'entre eux m'a vendu son cheval.
J'ai croisé le convoi de la pauvre Néole...

EPISTÉMON, *bas.*

Elle a dit, — ce sont là ses dernières paroles, —
Qu'elle voulait dormir en un pays chrétien,
A Seuilly près d'un cœur digne d'elle, — le tien.

MUGUETTE, *bas.*

J'y devrais être ; mais les hommes qui l'y mènent
M'ont dit le crime affreux de la foudre inhumaine.
Je reviens vers l'aveugle !

(Elle éclate en sanglots, en désignant Naraïl.
Celui-ci entend, et tressaille.)

NARAIL

Oh ? qu'ai-je entendu ?

(Muguette frémit, et fait signe à Epistémon de ne pas révéler sa présence.)

EPISTÉMON, *hésitant.*

Rien !
Je... sanglote en pensant aux bons historiens
Qui brûlent !... tous les mols oreillers des sceptiques.
Voici... des isopets, florilèges, distiques.
Mais j'ai laissé brûler magisters, péroreurs,
Pour étouffer le feu sous le poids des erreurs.

(A Muguette, bas.)

Et quel est ton dessein ?

MUGUETTE, *bas.*

M'attacher comme une ombre
A tous ses pas ; le protéger contre le nombre !
Mourir pour lui, mourir pour vous tous aujourd'hui.

EPISTÉMON, *à Muguette.*

Tu dois vivre, à présent. Si ta main le conduit,
Si ta voix le console, il aimera sa peine.

LA VOIX, *de l'arbre.*

Les fauves roux, au clair sifflement des empennes
Mêlent leurs cris affreux.

EPISTÉMON, *à Muguette.*

Vis pour guider ses pas.
Veux-tu que je t'annonce à demi-mots ?

MUGUETTE, *vivement.*

Non pas !

EPISTÉMON

Pourquoi ?

MUGUETTE, *qui sera interrompue par la voix du trompette*

Car je sais trop...

LA VOIX, *de l'arbre.*

Tous les nôtres s'élancent !

(Les tambours battent la charge.)

NARAIL, *debout, résolu.*

Qu'on me guide ! Je veux un cheval, une lance !

MUGUETTE, *achevant sa pensée, qui vient d'être confirmée par l'élan de Naraïl, bas.*

Je sais trop, mon ami, ce qu'il demanderait.

NARAIL

Ah ! qui veut me conduire à travers la forêt ?

EPISTÉMON, *haut, à Naraïl.*

Tu dois rester !

NARAIL, *impuissant.*

Rester !

LA VOIX, *de l'arbre.*

Vos pauvres amis tombent !

NARAIL

Apprendre sans bouger que Thélème succombe !...
Ah ! Muguette, Muguette ! Elle en qui j'avais foi !...
Que n'es-tu là, mon guide aimé, comme autrefois ?

EPISTÉMON, *convaincu, à Muguette.*

Ne dis mot, tu fais bien.

MUGUETTE, *qui ne peut résister, maintenant.*

Pourtant... Comment l'entendre ?

EPISTÉMON, *retenant Muguette.*

Tais-toi, petite !...

MUGUETTE, *montant en selle.*

Adieu ! Je cours, sans plus attendre,
Le remplacer dans la bataille... au premier rang.

(Le cheval de Muguette piaffe.)

NARAIL

Ce cheval ?

EPISTÉMON

C'est... le mien ! Un cheval fulgurant, (3)
Fort bien armé, de la mâchoire aux martingales.
Aussi je le préfère à tout l'or du Bengale.

NARAIL

Donne-le moi.

EPISTÉMON, *sans une hésitation, donnant la bride de son cheval*

Prends donc : et prends ma hache aussi
Tu pourras sans danger t'enfuir au loin.

NARAIL, *prenant la bride.*

Merci.
Je l'emmène au combat.

EPISTÉMON

Non !

LA VOIX, *de l'arbre.*

Vos amis reculent.

NARAIL

Vous l'entendez ?

EPISTÉMON

Voyons, il serait ridicule,
Puisque tu ne vois plus...

NARAIL, *montant en selle.*

J'endosserai les coups.
Portés à nos amis, à frère Jean, à vous.
Je ne puis mieux quitter cette sombre vallée
De larmes.

LA VOIX., *de l'arbre.*

Ce n'est plus qu'une horrible mêlée.

NARAIL

Dans l'éternelle nuit j'ai fait un premier pas.
Pareille occasion ne se retrouve pas.
Pour garder à Thélème un brave qu'on mutile
Laissez-moi donc offrir une tête inutile.

(Il étreint la hache et part à droite.)

EPISTÉMON, *à Muguette qui va s'élancer.*

Las ! dans les rangs pressés, sans distinguer entre eux,
Sa hache va porter des coups malencontreux.

MUGUETTE, *partant à droite.*

Je saurai le défendre, et l'éloigner des nôtres.

EPISTÉMON, *à Muguette qui s'éloigne.*

Enfant ! songe à toi-même, en protégeant les autres.

LA VOIX, *de l'arbre.*

Oh ! nous fuyons aussi, corbacque !

(Passent des aventuriers en fuite.)

EPISTÉMON, *qui cache ses trésors, répondant au trompette.*

Il y paraît.

LA VOIX, *de l'arbre.*

Les fauves vipérins chassent dans la forêt
Ceux qui n'ont ni cuissot, ni bout, ni genouillère.
Les pauvres vont périr au fond des tortillères.
Quel combat fantastique où l'on meurt par milliers !
Mais voici deux nouveaux venus, deux cavaliers
Frappant de tous côtés... Vrai dieu, qu'ils sont allègres !

Décidément, notre victoire tourne à l'aigre !...
Ils vont, fendant tous nos fuyards, avec ardeur.
Le feu fait rage.

EPISTÉMON

Hélas ! j'y retourne !

(Il s'éloigne par le fond. La scène est vide un instant.) (4).

LA VOIX, *de l'arbre.*

Une odeur
De soufre et de résine emplit l'air. Les gargouilles
Crachent du feu sur la multitude qui grouille.
Les deux nouveaux venus décident du combat.
La hache de l'un d'eux — qui se lève et s'abat, —
Blesse l'autre à l'épaule...
Ils sont couverts d'entailles...
Si je n'avais pas peur, j'aimerais les batailles.

(De nouveaux fuyards passent. Les tambours battent la chamade.)

Celle-ci se transforme en un sauve-qui-peut
Général...
Je descends, mais vous y perdrez peu,
Le reste n'étant que débandade et poussières.

(Paraît le trompette, étonné de ne plus voir Naraïl, ironique.)

Tiens ! l'aveugle a pris peur des bêtes carnassières ;
Il a fui !...

(Puis, pratique, en s'éloignant.)

Je m'en vais le rejoindre.

(La retraite continue. Poursuites, escarmouches.)

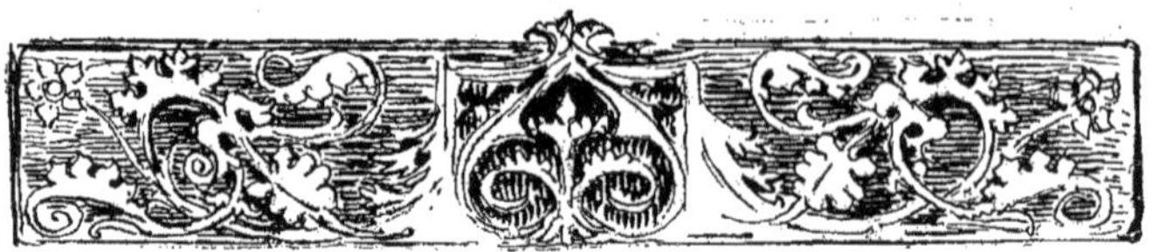

4. — APRÈS LA BATAILLE

(Entrent quelques Thélémites, dont frère Jean.
Ils cherchent tout d'abord Naraïl, à ce rendez-vous.)

FRÈRE JEAN, *les* THÉLÉMITES, *puis* FOUILLAUPOT, *puis* EPISTÉMON.

FRÈRE JEAN, *à un Thélémite, effrayé de ne pas voir Naraïl.*

Il est là ?

LE THÉLÉMITE

Mais non, mais non ! Et c'est bien lui qui refoula
Les derniers assiégeants... J'en suis bien sûr. Sublime,
Il s'élança comme un Renaud, quand nous faiblîmes.
Je l'ai vu. De sa hache il jeta dans les prés
Un guerrier inconnu qui le suivait de près.

FOUILLAUPOT, *entrant, toujours échanson.*

Vous cherchez Naraïl ?

FRÈRE JEAN

Oui.

FOUILLAUPOT

Sur une civière.
Pour le soigner on l'a conduit vers la rivière.
Mais il refuse. On doit le ramener ici.
Voulez-vous boire avant de rentrer ?

FRÈRE JEAN

Grand merci !
Tu parles de rentrer, Fouillaupot-Ganymède ;
Mon pauvre enfant ! A grand malheur pas de remède.
Au plus fort du combat tu versais ta boisson.
Tu n'as pas vu tomber nos murs, brave échanson.

C'est fait, et pour longtemps.
A quoi bon reconstruire ?
Le tonnerre et les sots s'assemblent pour détruire.
Je ne veux plus de sang, de luttes, d'altercas.
Nous nous sommes tous mis dans le plus mauvais cas
En naissant deux mille ans trop tôt sur cette boule.
Marchand d'oignons peut-il ignorer les ciboules ?
A confesser les cœurs, comme autrefois je sus,
Et sens-devant-derrière, et sens-dessous-dessus,
J'aurais dû voir combien il était difficile
De forger du bonheur dans un monde imbécile.
Mais mon rêve était beau ! J'ai bâti la cité !
C'est mon erreur. Je croyais que l'humanité
S'éloignait de la brute et s'en allait vers l'ange.
Je me trompais. Elle est encore dans ses langes.
Avant d'apprendre à vivre en frères, les humains
Grimperont à la lune en marchant sur les mains !
Hélas ! ils me faisaient pitié, sous leurs emblêmes,
Ces hommes qu'on menait contre nous, lâches, blêmes,
Chichefaces, lourdoys, cancres. analphabets,
Pense-petit, ne sachant faire que bê... bê...
Ceux-là sont innocents : ils ne savent pas lire.
Ils suivent les tambours, hurlant, dans leur délire,
Contre notre couvent dont ils ne savent rien.
Sont-ils coupables ? non. Mais leurs prétoriens,
Mauvais bergers, esprits des nuits, maîtres serviles,
Qui sciemment sont défenseurs des causes viles,
Et que gêne l'éclat de notre studio,
Tous ceux-là, que suivait le bon peuple idiot,
M'effrayaient. Plaignons la moutonnière cohue
Qui se laisse mener par ces gueux à dia-hue !
Nos bons fauves valaient bien mieux. Leurs yeux ardents
Me disaient leur plaisir de mordre à belles dents
Tous ces maîtres abjects, stupides dans leur rage,
Qui, n'ayant même pas la beauté du courage,
Tiennent tout du serpent mais n'ont rien du lion.
Que ne puis-je, à l'envers du vieux Deucalion,
Transformer en cailloux toute la race humaine ?
Hélas ! quand le destin nous tire, nous malmène,
L'heure n'est plus à d'interminables discours.
Pour mieux se séparer...

LE THÉLÉMITE, *apercevant Epistémon.*

Epistémon, accours !

EPISTÉMON, *chargé d'un dernier bagage de livres, dont quelques-uns ont été léchés par les flammes.*

Courir sous tant de poids ! C'est bien facile à dire.

LE THÉLÉMITE

Notre bon frère Jean, plein d'angoisse et plein d'ire,
Renonce à son Thélème, et nous pleurons.

EPISTÉMON

Je vois.
Et pour le contredire il vous faudrait ma voix.
Eh bien, certe, il a tort. Il faut qu'on rebâtisse
La cité de bonheur, d'amour et de justice.
Tout est prêt, la matière et les bras ; travaillons !

(Il montre ses livres.)

J'ai hâte de poser ceci sur des rayons.
La victoire est à nous, du reste, et si nous sommes
Vaincus par l'ouragan nous triomphons des hommes.
Le mur importe peu. Nous avons ce qu'il faut
Avant tout : des enfants, des hommes sans défaut.
Et nous reconstruirons Thélème !

FRÈRE JEAN

Non, vous dis-je !
Je sais comme toujours l'histoire se rédige :
Que de l'homme ou des vents ceci soit un effet
Notre beau rêve est suspendu, voici le fait ;
Ce fait sera connu ; l'homme criera victoire,
Et l'on prendra courage en relisant l'histoire.
Les envieux sont là, mal intentionnés ;
Les ignorants sont là, qu'on mène par le nez,
Et les traînefourreaux, et les esprits vulgaires.
Je ne leur ferai plus les honneurs d'une guerre.
Je m'en vais dans mon coin, j'ai le cœur trop meurtri.
D'ailleurs, mes bons enfants tout pleurants et contrits,
Rebâtissez une cité si bon vous semble...
Mais plutôt quittez-vous ; ne restez pas ensemble.
Dans le cœur des humains, partout, allez porter
La semence de paix, d'amour et de bonté.
Préparant, — pour plus tard, — la joie universelle,
Dispersez-vous, comme une gerbe d'étincelles !
Surtout, puisque j'ai tort de rentrer dans la nuit,
Ne m'imitez jamais, car j'en mourrais d'ennui.

EPISTÉMON

Où vas-tu ?

FRÈRE JEAN

Retrouver ma fille infortunée

EPISTÉMON

A Seuilly ? Pour vieillir de dix ans chaque année ?
Qu'y ferais-tu ?

FRÈRE JEAN

Bah ! chaque année, ou chaque mois,
Je passerai mon temps à regarder en moi,
Et je consolerai ma pauvre solitaire.
Hormis cela, mon grand travail, sur cette terre,
Ce sera, tous les ans, de refaire le tour
Du soleil en trois cent et soixante-cinq jours.
Je pleurerai sur tous, sur l'œuvre anéantie,
Et sur Néole, hélas ! la première partie.
Donc, je rentre au bercail, tel que je suis, gardant
Ma vieille robe et tout ce que j'ai mis dedans.
Pour ma bonne Muguette il n'est rien qui me coûte.

EPISTÉMON

Tu rentres à Seuilly pour elle ? Eh bien, écoute.
Quand luttait Naraïl sans souci du danger,
Un bon ange gardien s'en vint le protéger,
Un ange dont le front masqué...

FRÈRE JEAN

Qui donc était-ce ?

EPISTÉMON, *il va révéler le nom, lorsqu'il aperçoit Naraïl, venant de droite.*

Je me tairai, devant ce sujet de tristesse.

(Paraît Naraïl, que guident, en le soutenant, quelques Thélémites.
Il est en sang, mais ne semble pas mortellement blessé.)

5. — ÉPILOGUE

FRÈRE JEAN, EPISTÉMON, NARAIL, *quelques* THÉLÉMITES, *puis* MUGUETTE

FRÈRE JEAN, *conduisant Naraïl jusqu'au banc de pierre.*

Repose-toi

NARAIL, *s'asseyant.*

Merci, vous qui m'avez conduit.
Combien de morts chez nous, frère Jean ?

FRÈRE JEAN, *grave.*

Six !

(Un silence. Tristesse de tous.
Muguette, apparue à droite, a entendu la question et la réponse. Seul Epistémon a remarqué sa présence.)

MUGUETTE, *à voix basse, à Epistémon.*

Près d'huit ! (5)

FRÈRE JEAN, *à Naraïl.*

Mais toi ?

NARAIL

Que n'ai-je pu succomber à leur place !
J'ai frappé, j'ai couru, prodiguant la menace.
J'ai mendié la mort aux infâmes torcoux.
Ils semblaient m'épargner en tombant sous mes coups.
Un même cavalier, vingt fois toucha ma selle.
Je l'abattis d'un coup de hache.

EPISTÉMON, *bas, à Muguette.*

Oh ! tu chancelles !

(Il l'étend à droite au pied d'un arbre.)

UN THÉLÉMITE, *se penchant vers Naraïl.*

Mais vous êtes blessé, cependant ?

NARAIL

Pas assez !

LE THÉLÉMITE

Ce sang qui coule à flots...

NARAIL

Laissez, frère, laissez.
Ah ! bien sûr, j'espérais une mort plus... jolie.
Comme un tonneau fendu laisse passer la lie
Je vais, par les chemins, laisser couler mon sang.
J'entretiendrai mes plaies ; tailladé, repoussant,
Je pourrai donc, hâtant ma minute dernière,
Pourrir, — comme un crapaud blessé, — dans une ornière,
Que ne puis-je implorer de Muguette, à l'instant,
Le coup de grâce, un coup bienheureux que j'attends.
Mais non ! loin de sa cage elle veut que je meure.
Ah ! si vous revoyez Muguette en sa demeure,
Dites-lui mon chagrin de mourir sans serrer
Sa main loyale et douce.

FRÈRE JEAN

Oui, je le lui dirai.
Je retourne à Seuilly, fils, en père fidèle.

NARAIL

Vous êtes bien heureux, vous qui mourrez près d'elle...

MUGUETTE, *se redresse, visière relevée.*
Elle va tomber dans les bras de frère Jean.

Non ! non ! je ne veux pas !

FRÈRE JEAN, *stupéfait.*

Muguette !

NARAIL, *debout.*

Elle !... Est-ce toi ?

MUGUETTE, *glissant dans les bras de Naraïl.*

Mon Naraïl aimé, je meurs. Pardonne-moi.

NARAIL, *dont la raison est ébranlée.*

Muguette ! Ah ! maintenant, ma joie est indicible !
Il me semble te voir encore ! Est-ce possible ?

MUGUETTE

J'aurais voulu mourir après toi, sans témoin.

FRÈRE JEAN

Mourir !

MUGUETTE, *achevant.*

Sans me nommer, pour vous affliger moins.
Mais j'entends ton appel. Faible, je n'ai pas l'âme
De résister.

FRÈRE JEAN

Mourir !

MUGUETTE

Une divine... lame,
Qui me blessa, quand je bataillais, m'a permis
De partir avec toi.

FRÈRE JEAN

Les lâches ennemis
N'ont donc pas vu ?...

MUGUETTE

J'aime la main qui m'a frappée.
Je protégeais un pauvre ami de mon épée.
Il m'a porté ce coup mortel et bienfaisant.
Lui que j'aimais beaucoup, je l'adore à présent.

NARAIL, *frémissant, épouvanté.*

Ah ! nomme-le bien vite afin qu'on lui pardonne.

MUGUETTE

Lui pardonner ? Pour tout le bonheur qu'il me donne ?

NARAIL, *se tendant vers Muguette.*

Parle ! j'attends de toi le plus terrible aveu.
Va, donne-moi la mort.

MUGUETTE

Je fais ce que tu veux.
Vous tous, pardonnez donc la blessure imprévue :
Celui qui m'a frappée avait perdu la vue.

NARAIL

Ah !

(Il meurt dans les bras de Muguette, qui faiblit.)

MUGUETTE, *presque heureuse.*

Il est mort !

FRÈRE JEAN, *soutenant Muguette.*

Muguette il te reste un devoir :
Celui de te laisser guérir. Je veux te voir,
Un reflet de Thélème est dans tes yeux limpides.
Reste avec moi ; la mort est barbare et stupide.

EPISTÉMON, *à Muguette, désignant frère Jean.*

Muguette, il est en droit d'exiger tout cela.
Pour vivre auprès de toi, dans le couvent, il a
Pu songer un moment à quitter ceux qu'il aime,
A cesser d'être libre, à dèlaisser Thélème.

MUGUETTE

Oh ! tu perdais pour moi ta chère liberté !

EPISTÉMON, *jugeant le moment venu de faire cet aveu, grave.*

Pour la seconde fois, Muguette !

MUGUETTE, *qui ne comprend pas.*

En vérité ?

FRÈRE JEAN

Epistémon, tais-toi !

EPISTÉMON, *bas à frère Jean.*

Non, non ; son front se glace !

(Jean fond en sanglots, Epistémon poursuit.)

Muguette, il est quelqu'un qui naguère prit place
Auprès de ton berceau. Il s'emmura vivant,
Te vit grandir et sut t'arracher du couvent...
C'est ton père ! Partout, partout il t'a suivie.

MUGUETTE

Tu m'avais consacré tout entière ta vie ?

FRÈRE JEAN, *simple.*

Tout entière, petite !

MUGUETTE

Ah ! je puis donc pécher
D'orgueil !...

(Aux Thélémites, que la révélation faite par Epistémon n'a point étonnés.)

Vous le saviez et me l'avez caché !

THÉLÉMITES

— Oui, plus d'un s'en doutait.
— Il ne pouvait en être
Autrement : ton grand cœur te faisait reconnaître.

EPISTÉMON, *à Muguette.*

Et ton père, aujourd'hui, voulait te suivre encor !

MUGUETTE, *à son père.*

Non. Tu dois à Seuilly, père, livrer mon corps
Car Néole m'attend, dans sa terre chrétienne ; —
Mais fuis-t-en loin de nous.

FRÈRE JEAN

Ma demeure est la tienne.
J'y veillerai sur vous, sur Naraïl aussi.

MUGUETTE, *qui n'a plus la force de résister.*

Tu fais ce que tu veux.

FRÈRE JEAN

Ce que je puis !

MUGUETTE, *reconnaissante.*

Merci !

FRÈRE JEAN

Tu nous souris encor ?

MUGUETTE, *en mourant.*

Pour vous donner courage,
Car il en faut beaucoup pour vivre.

EPISTÉMON

Ton image
Sera toujours devant nos yeux, petite sœur,
Comme un modèle de vaillance et de douceur.
Et quoique dispersés...

UN THÉLÉMITE

Taisons-nous : elle est morte !

(Un silence. Tous pleurent, frère Jean sanglote.)
(Le Thélémite continue, parlant au nom de tous.)

Au revoir, frère Jean ; notre peine est trop forte.

(Les Thélémites se retirent.)

FRÈRE JEAN, *anéanti.*

Que de malheurs sur nous, sans l'ombre d'un motif.

EPISTÉMON

Vertu, vertu, vertu !... tu n'es qu'un substantif.

NOTES

NOTES

Les Personnages.

On a vu (Scène III du Prologue) le portrait que Rabelais fait de Frère Jean. Ce moine qu'on retrouve dans les cinq livres de Gargantua et Pantagruel, en est peut-être le type le plus intéressant. Gargantua dit de lui : « Il n'est point bigot, il n'est point dessiré, il est honneste, joyeulx, délibéré, bon compaignon. Il travaille, il labeure, il défend les opprimez, il conforte les affligez, il subvient ès souffreteux, il garde les clous de l'Abbaye ». L. I. Ch. XL. Il ne peut dormir la nuit s'il n'a pas fait quelque acte héroïque le jour (L. V. Ch. XV). Sa bravoure est exemplaire. Les juifs n'auraient pas pris Jésus-Christ, lui présent ! « Je hayz plus que poison un homme qui fuyt quand il fault jouer des cousteaux. » Et c'est à cela qu'il doit son nom : il entame (ou entomme) et fait des entailles (entommeures). C'est un conteur inlassable ; il est bien de son siècle. Mais il déplore le langage poétique. Quand le besoin de s'exprimer en vers s'empare de tous (Livre V. avant-dernier chapitre) il est obligé d'y passer luimême et s'écrie :

O Dieu, père paterne
Qui muas l'eau en vin,
Fay de mon cul lanterne
Pour luyre à mon voisin.

mais il s'en désole et ajoute : « La rithme me prend à la gorge ! »

Epistémon (savant) n'apparaît que dans le deuxième livre de Rabelais, et son rôle est constamment effacé.

Quant à Muguette et Naraïl, Rabelais les a totalement oubliés. Muguette rappellerait l'héroïne d'un conte drôlatique de Balzac ; les aventures de Naraïl « en Alger » se retrouveraient dans le Décaméron.

Dans Rabelais c'est Gargantua lui-même qui offre de récompenser frère Jean après la bataille. Le personnage a été jugé trop encombrant ici. Il n'est donc désigné que comme roi des Turones, et c'est un ambassadeur qui vient parler en son nom.

Le cadre.

Le couvent de Seuilly est toujours visible, près Chinon, entre La Roche-Clermault et Lerné.
De Thélème, — hélas ! — il ne reste plus rien ! On sait pourquoi !

PROLOGUE

(1) Vraiment, l'émotion ne serait pas plus bruyante si l'on entendait sonner la cloche de Velilla. (« Las tres Justicias en una. » CALDERON, *Journée* III, Sc. V.)
Le commentateur ajoute qu'il s'agit de Velilla de Ebro, en Aragon, où se trouvait une cloche sonnant d'elle-même pour annoncer quelque événement malheureux pour l'Espagne.

(2) C'est dans les lettres de P. L. Courier que nous avons connu le latin du moine Barletta : « *Vous me demandez,* disait ce bon prédicateur Barlette, *comment on va en paradis ? Les cloches du couvent vous le disent, donnez, donnez, donnez.* Le latin du moine est joli : *Vos quæritis a me, fratres carissimi, quomodo itur ad paradisum ? Hoc dicunt vobis campanæ monasterii, dando, dando, dando.* »

(3) « Notez que leurs cloches (aux pères Fredons) estoient faictes selon la devise pontiale, ,scavoir est, de fin duvet contrepoincté, et le batail estoit d'une queue de renard ». RABELAIS, Livre V. chap. XXVII.

(4) GARGANTUA, chap. XXV.

(5) La plupart des Arabes, défaits à la bataille de Poitiers se sont établis dans le Poitou et le Chinonnais, occupant les nombreuses caves et carrières de la région, à la façon des troglodytes, ou fondant des villages. Lerné serait du nombre ; et l'inimitié entre gens de Seuilly et de Lerné, à la supposer vraie, trouvait peut-être son origine dans cette différence de races.

D'après Ponthus de Thiard, Rabelais serait lui-même de race mauresque et son nom se serait écrit pritivement : Rab-lez, chef-rieur. Tout cela, sous toutes réserves. Mais on croit encore, dans la région à cette occupation arabe ; on fait remarquer le teint basané de certaines personnes, leur nez sémite, la disposition des maisons dans certains villages, et l'exiguïté des rues tortueuses.

(5 *bis*) *Berbères.* Ce mot trouve son explication dans la note précédente.

(6) « Et aultres telz épithètes diffamatoires » dont énumération au chap. XXV.

(7) « *La queue d'un* » sans élision, a un précédent chez Molière (Les Fâcheux).

(8) Il n'est pas nécessaire de remonter jusqu'au moine Abélard pour trouver des mutilés d'église. Frère Ambroise le Sené (le Châtré), que cite Béroalde de Verville, était peut-être un contemporain de frère Jean.

(9) La cire, servant au comédien pour se « composer une tête », parler « *sans cire* » c'est « *ne pas jouer la comédie* », ne pas déguiser sa pensée. On sait, au reste, que « *sans cire* » est devenu « *sincère* ». L'expression laisse donc supposer que le comédien communique l'émotion sans être ému lui-même, et brûle de moins de feux qu'il n'en allume. Diderot disait même qu'un acteur est d'autant plus grand comédien qu'il est moins sincère et plus insensible... et les gens inoccupés d'un autre siècle ont pu discuter longtemps sur ce point.

(10) Des jeux de mots qui ne valent pas mieux encombrent les meilleures pièces de Shakespeare. Celui-ci est de Rabelais même, dans le récit du même épisode.

(11) Dans Rabelais, livre II, chap. V. Ce que voyant son (à Pantagruel, fils de Gargantua) pédagogue, nommé Epistémon... »

(12) Frère Jean use de tous les jurons. Il jure après Panurge pendant des pages entières. « Comment, lui dit Ponocrates, vous jurez, frère Jean ? — Ce n'est, dist le moyne, que pour aorner mon languaige. Ce sont couleurs de réthoricque cicéronienne ». Il faut ensuite aller jusqu'à l'abbé Jérôme Coignard pour entendre de telles excuses aux péchés des ecclésiastiques.

(13) RABELAIS : « Restait seulement le moine à pourvoir, lequel vouloit faire abbé de Seuilly ; mais il le refusa. » (Livre I, chap. LII).

Pour toute cette scène, voir Rabelais, même chapitre.

PREMIER ACTE

(1) *Alluz et Caros*, on disait *Caros et Alluz*, pour buvons et rebuvons. (C'est de l'allemand corrompu).

(2) Thélème. « Gargantua offrit tout son pays de Thélème, jouxte la rivière de Loire à deux lieues de la grande forest du Port-Huault ». L. I, ch. LII.

(3) Dans les cinq livres de Rabelais, frère Jean (qui n'est pas un géant) se montre aussi grand buveur que Gargantua ou Pantagruel eux-mêmes. Il dit : « J'ay ung estomach pavé, creux comme la botte de Sainct Benoist, tous jours ouvert comme la gibessière d'ung advocat. » Et ailleurs : « Je boy à tous guez, comme ung cheval de promoteur. » Il serait long de tout citer. Il est dit, dans le dernier livre : « Frère Jean, qui avoyt tous jours vingt aulnes de boyaux vuydes... »

(4) « Et requist à Gargantua qu'il instituast sa religion au contraire de toutes aultres » (Liv. I, chap. LII). Les Thélémites de Rabelais, cependant, ne sont pas athées. On reçoit, à Thélème, les amis du saint évangile. »

Entrez, qu'on fonde icy la foy profonde.

Les Thélémites de ce poème vont plus loin.

Nous ne pouvions les supposer ni luthériens, ni papistes. Nous leur avons permis de pousser le scepticisme de Rabelais et de Montaigne jusqu'à oublier *le* ou *les* créateurs, ce qui n'exclut pas la contemplation, ni la tolérance. Ils auraient reçu, du reste, à Thélème, la pieuse Néole.

(5) Dans Brantôme, les divinités des champs et forêts se réjouissent, sans nulle jalousie, au spectacle d'amours bucoliques : « Pensez que le dieu des jardins, messer Priapus, les faunes et les satyres paillards, assistent là aux bons compaignons, et leur favorisent leurs faitz et exécutions. »

(6) Charroux, près de Civray, sur le Merdanson. Charlemagne y fit bâtir une église où furent déposées les reliques de la Digne Vertu. Ces reliques, visibles tous les sept ans, pour les hommes seulement, donnaient à ceux-ci des pouvoirs qui les faisaient grandement apprécier des femmes. Il y eut plus tard, des pèlerinages concurrents.

Les femmes brehaignes se rendaient auprès de N.-D. de Chartres. Tallemant des Réaux raconte qu'une bonne femme dit à une reine de France qui allait en pèlerinage à Chartres pour avoir des enfants : « Vous pouvez vous en retourner : celui qui les faisait est mort ! »

SECOND ACTE

(1) C'est un des rares points d'attache avec l'histoire. Mais tous les Du Bellay, — ou à peu près, — sont allés à Rome, et il ne s'agit pas nécessairement du poète, dont le voyage à Rome remonte à 1551. Mais Frère Jean apparaît bien comme le contemporain de François I, dont il déplore la captivité due aux « fuyars de Pavie. »

(2) Ici une coupure, dont voici le début et la fin :

LA VOIX

Parlez donc.

ÉPISTÉMON, *qui ne demande pas mieux*

En détail ?

LA VOIX

Allez vite, plutôt,
Car le courant pourrait emporter le bateau.

EPISTÉMON

C'est le matin que les petits, tout pleins de zèle,
De leur propre vouloir, — ou de leurs propres ailes,
S'en vont étudier.....

. . . .

(Epistémon expose sa méthode d'enseignement artistique, de développements intellectuel et physique. Il cite enfin les propos qu'il tient à ses écoliers, et qui se terminent de cette façon conforme à la devise de Thélème.

Au grand air, au grand vent que l'appétit s'aiguise.
Voilà ! Au demeurant, faites à votre guise.

LA VOIX

Très bien, vieillard, très bien ! Je n'ai pas d'autre cri !
Mais il faut consigner tout cela par écrit !
Promettez-le bien vite, et nous gagnons le large.

EPISTÉMON

Il est certain François Rabelais qui s'en charge.

C'est précisément parce que le grand Rabelais a exposé d'abondance, ses conceptions pédagogiques, que nous avons estimé fort inutile de les traduire dans un poème dramatique, et même dans ces notes.

(3) Pour donner plus de prix aux baisers qui s'échangeaient dans cette pièce, il fallait les rendre aussi rares que possible, en dépit du cadre épicurien.

« Ce qui fait la beauté, la douceur d'un baiser, c'est bien moins le baiser même, que le lieu, l'heure et les circonstances où il se donne. »

Citation empruntée à l'auteur du *Double Jardin*, où M. Maeterlinck ne se montre du reste pas tendre pour ceux qui, de nos jours, composent des drames qu'ils situent dans le passé, même quand le sujet appartient plus à la légende qu'à l'histoire.

TROISIÈME ACTE

(1) Le chant du coq annonce le jour, et par conséquent la fuite des esprits des nuits. Les Erinnys fuient également au lever du jour. Dans la première scène d'Hamlet le fantôme du père d'Hamlet disparaît au chant du coq. Marcellus et Horatio expliquent alors le phénomène.

Pierre de Lancre, conseiller du roy au Parlement de Bordeaux, dans un livre (1613) bien connu des démonologues, et que nous citons à nouveau dans les notes de *Gaulthier Garguille*, ne s'étonne pas de voir que Dieu choisit le coq pour combattre les esprits malins :

Les démons courans, qui se mirent
Dans les ténèbres de la nuit,
Quand du coq ils oyent le bruit
Tout épouvantés se retirent.....

Dieu montra du coq la puissance
A Saint-Pierre, en lui prononçant
Qu'au troisième cri de son chant
Il nieroit sa cognoissance.

« Le coq de l'Evangile est, en même temps, l'annonciateur de la Rédemption et du Reniement », dit M. Léon Bloy, rapportant que les coqs de Domrémy chantèrent avec une persistance inaccoutumée dans la nuit du 6 janvier 1412, quand naquit Jeanne D'Arc.

(2) « Le temps n'est plus d'ainsi conquester les royaulmes, avec dommaiges de son prochain frère christian. »

RABELAIS, Livre I, chap. XLVI.

(3) Le drapier Guillaume est celui de la farce de Pathelin. Il tient *propos obscurs* dans la scène où il revoit Pathelin et le berger, et où il mêle les affaires du drap et des moutons.

(4) *Ribleurs* : coureurs de nuit. *Talvassiers* : hommes bruyants et joyeux.

QUATRIÈME ACTE

(1) L'expression *arrière-neveux* constitue ici un anachronisme pour qui ne se souvient que de La Fontaine. Mais on la trouve chez Montaigne et Verville. Au reste, La Fontaine place l'expression dans la bouche d'un octogénaire qui l'avait sans doute apprise sur les genoux d'un aïeul... ce qui nous conduit avant Thélème.

L'auteur avoue, d'ailleurs, qu'il ne reste pas insensible au charme des anachronismes, et qu'il s'amuse fort d'entendre le fou du roi Lear citer, huit siècles avant Jésus-Christ, une prophétie de Merlin, qui ne sera prononcée que douze siècles plus tard : « Merlin, plus tard, fera cette prophétie, car je vis longtemps avant lui » Acte III, Sc. II.

(2) Epistémon ne put, en tout cas, sauver que les fragments des œuvres d'Ennius existant encore au XVIe siècle. Nous ignorons si ce sont ces fragments que publièrent les deux Estienne, peu de temps après l'incendie de Thélème. Mais nous comprenons fort bien pourquoi le doux sceptique Epistémon n'aperçoit que les perles du sceptique Ennius, et s'abstient, — en manière de protestation, — de parler de leur célèbre écrin de fumier.

(3) Si le cheval n'était pas fulgurant Epistémon ne pourrait pas aller à sa bibliothèque, qui brûle, et en revenir en si peu de temps. Au reste, s'il s'écoule peu de temps entre deux apparitions du bibliophile c'est que le lecteur lit trop vite ou que l'acteur a un débit trop rapide ; L'auteur n'y est pour rien. (Note de l'auteur, évidemment.)

(4) C'est contre les théories admises. Mais, rien ne s'adressant à la vue, ce sera tout au bénéfice de l'oreille, et au profit des vers suivants.

(5) On trouve, chez les auteurs du XVIe siècle des élisions devant *un, huit, onze, l'uniesme, l'huit, l'onziesme.*

Achevé d'imprimer le vingt mai mil neuf cent vingt, sur les presses de MAURICE DORMANN, *imprimeur à Etampes, pour* MESSEIN, *éditeur à Paris.*

IMPRIMERIE
Maurice DORMANN
16, Rue Saint Marc

www.ingramcontent.com/pod-product-compliance
Ingram Content Group UK Ltd.
Pitfield, Milton Keynes, MK11 3LW, UK
UKHW020553180726
13838UKWH00001B/207